위대한
경제학 고전
30권을 1권으로
읽는 책

30 Great
Economics Classics

위대한
경제학 고전
30권을 1권으로
읽는 책

홍기훈 지음

빅피시
BIG FISH

돈의 역사는 되풀이된다

경제학의 아버지라 불리는 애덤 스미스는 1723년 6월 5일 영국에서 태어났다. 그리고 올해는 애덤 스미스 탄생 300주년이 되는 해이기도 하다.

애덤 스미스 이후 수많은 경제학자가 경제학을 발전시켜 왔고, 그 결과 우리가 살고 있는 21세기의 경제학은 국가 정책을 논할 때부터 개인의 삶에 이르기까지 빼놓고 말할 수 없는 중요한 학문이 되었다.

최근에는 미국 중앙은행이 금리를 급격하게 올리고, "인플레이션이 지나치게 높다"라는 이야기를 하며 전 세계가 경기 침체의 불안에 떨고 있다. 나와는 아무 상관 없을 것 같던 금리 인상이 내 월급, 내 소비, 내 대출금 그리고 일상에 큰 영향을 미친다는 것을 알게 되었다. 경제학은 생각보다 내 삶 가까이에 있는 것이다.

그래서 갈수록 많은 이들이 경제에 대해 좀 더 알고 싶어 한다. 그런데 막상 서점에 가서 책을 펼쳐보면 그래프와 숫자의 향연이 펼쳐진다. 어디서부터 어떻게 시작해야 할지 감조차 오지 않는다. 그러면 더 쉽게 설명해준다는 유튜브 동영상을 찾아본다. 제목은 쉬워 보이지만 모두 현재의 이야기에 집중하다 보니 기본을 모르는 사람들에게는 여전히 어렵다. 맥락에 대해 이야기하지 않고 현상만 설명하다

보니 모든 것이 피상적이다. 경제와 경제학에 대해 조금 더 근본적인 이해를 돕는 방법은 없을까?

나는 어렸을 때부터 역사에 관심이 많았다. 그래서 사학을 공부하기 위해 인문학을 전공으로 선택했지만, 내가 원하던 공부는 순수 학문으로서의 사학이 아닌 응용 학문인 정치경제학에 가까웠다는 것을 깨달았다. 그러고는 자퇴를 하고 캐나다로 유학을 떠났다.

다시 전공을 선택하면서는 응용 학문을 우선순위로 두었는데, 그중 영어를 덜 써도 되는 경제학을 선택했다. 경제학을 선택한 이유는 지극히 현실적이었고, 사실 그때까지만 해도 평생 경제학을 공부하게 될 것이라 생각하지도 않았다.

그런데 학부 경제학 수업에서 만난 두 권의 책이 인생을 바꾸었다. 바로 프리드리히 하이에크의 《노예의 길》과 밀턴 프리드먼의 《자본주의와 자유》가 그것이다. 하이에크와 프리드먼이라는 천재적인 경제학자들이 어떻게 사고하고, 어떤 관점으로 세상을 바라보고, 바꿔나갔는지 깨달으면서 경제학을 보는 시각이 완전히 달라졌다. 경제학도의 관점에서 언제나 경제학이란 '분석의 도구'라고 여겨졌는데 사실 경제학은 사상이자 관점, 철학이고, 수많은 천재가 더 나은 위해 치열하게 고민한 결과라는 것을 알게 된 것이다. 그 후로 애덤 스미스의 《국부론》, 토머스 맬서스의 《인구론》, 카를 마르크스의 《자본론》 같은 고전부터 케네스 로고프·카르멘 라인하트의 《이번엔 다르다》, 아돌프 벌리의 《근대 기업과 사유 재산》까지 섭렵하기 시작했다.

경제학을 배울 때 가장 중요한 것은 금리나 주가와 같은 단편적인 지식이 아닌 전체적인 맥락을 이해하는 것이다. 예를 들어, 로마 제국을 이해하고 싶다면 로마의 공화정이 어떻게 탄생했고, 어떤 과정으로 발전했으며, 어떤 문제에 직면하여 왜 공화정 체제가 무너졌는지를 알아야 하는 것과 같다. 즉, 인플레이션이 경기 침체를 가져와 내 투자를 위협하는 상황을 이해하고 싶다면 인플레이션이 어떻게 발생하는지, 인플레이션에 어떻게 대처해야 하는지, 왜 그렇게 대처해야 하는지 차근차근 배워야 하는 것이다.

이런 관점에서 나는 다양한 경제학자들의 의견을 재미있게 배우고 쫓아가는 것이 경제학을 이해하는 가장 효율적인 방법이라고 생각한다. 이 과정에서 우리는 자연스럽게 경제의 기초 지식을 쌓고, 왜 이러한 현상과 주장이 나왔는지, 경제학자들의 이론들이 결과적으로 우리 사회에 어떤 영향을 미쳤는지 이해할 수 있다.

놀라운 점은 위대한 경제학자들이 이미 그들이 집필한 책을 통해 '인플레이션'이라는 용어가 없던 시절에 이미 인플레이션을, 스태그플레이션을 경험하기 전에 이미 스태그플레이션을 예측했다는 것이다. 또 2001년 닷컴 버블, 2008년 서브프라임 모기지 사태(금융 위기)도 예견되었을 뿐 아니라 오늘날 전 세계적으로 주목받고 있는 ESG, 기후 변화에 따른 인류 위기 또한 이미 100여 년 전 경제학자들에 의해 소개되었고, 나름의 해법까지 제시되었다. 놀랍지 않은가? 이처럼 우리는 과거를 통해 미래를 알 수 있다. 그리고 미래를 예측하는 가장 쉬운 방법은 거인들의 어깨에 올라서서 그들이 쓴 위대한 경제학 고전을 읽는 것이다.

여기서는 경제학의 핵심을 이해하는 데 도움이 되는 30권의 고전을 소개한다. 먼저 고전이 쓰인 시대상을 바탕으로 책이 쓰인 배경을 알아본 후, 책의 핵심적인 내용 그리고 책이 후대에 미친 영향을 설명했다. 언제나 바쁘고 할 일이 많은 우리에게 이 방법이 가장 효율적이라는 판단 때문이다.

또 30권의 고전을 읽으며 함께 읽으면 좋을 만한 책들도 소개했다. 단, 국내에 번역 출간되지 않은 책들은 소개하지 않았고, (도서관 등에서 찾아볼 수 있는) 절판 도서는 포함했다. 아직 국내에 훌륭한 경제학 도서 다수가 소개되지 않은 것은 집필하며 느낀 아쉬움이기도 하다.

사학을 전공하려던 나는 두 권의 경제학 고전으로 인해 경제학을 가르치는 교수가 되었다. 이 책을 읽는 독자 여러분도 가볍게는 교양과 상식으로서의 경제학을 배울 수 있을 것이고, 어떤 이는 나처럼 인생이 바뀔 수도 있을 것이다(물론 이 책에서 소개하는 필승 투자법을 통해 투자로서 인생을 바꿀 수 있을지도 모른다). 확실한 것은 하루 10분만, 내 삶과 떼려야 뗄 수 없는 경제학 고전을 읽다 보면 세상을 바라보는 눈이 달라져 있을 거라는 것이다.

20년 전의 내가 그랬듯, 이 책을 읽는 독자 여러분도 그 기쁨을 함께 누릴 수 있기를 바란다. 마지막으로 이 책을 쓰는 데 도움을 준 홍익대학교 황지웅 학생과 디킨대학교 김동호 학생에게 감사의 마음을 전한다.

2023년 초 홍기훈

차례

2장

학창 시절에 배웠다면
더 좋았을 경제학 고전

3장

노벨상 수상자들의
경제학 고전

— 4장 —

부의 흐름을 보여주는
경제학 고전

5장

자본주의의 진실을 알려주는
경제학 고전

6장

지금 우리를 위한
새로운 경제학 고전

1장

인류에
가장 큰
영향을 끼친
경제학 고전

01

애덤 스미스
《국부론》
1776

성서 이래
가장 위대한 책의 탄생

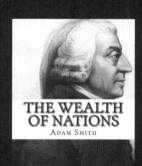

애덤 스미스(Adam Smith, 1723~1790)

영국의 사회철학자이자 정치경제학자. 경제학의 초석을 다진 그는 1759년 인간의 도덕적 행동과 윤리적 가치 판단을 다룬 《도덕 감정론》을 출간하며 유명해졌다. 그리고 그다음 저작인 《국부론》의 지대한 영향력 덕분에 오늘날 '경제학의 아버지'라고 불린다.

※ 주요 저서: 《도덕 감정론》

우리가 살고 있는 21세기에 경제학은 국가 정책을 논할 때 빠질 수 없는 가장 중요한 분야 중 하나다. 그러나 애덤 스미스가 살던 300년 전의 세계에는 '경제'는 있었지만 '경제학'이라는 단어는 존재하지 않았다. 매일 경제 활동을 하고 국가 경제를 운영했지만 그에 대한 이해는 매우 부족하여, 무엇이 국가를 왜, 어떻게 부강하게 만드는지에 대한 설명이 공식적으로는 존재하지 않았다.

대신 귀족, 지주, 상인 계급 등이 각자 자신의 이익에 맞도록 국가 정책에 영향을 행사했다. 따라서 국가의 부를 위한 전체 관점이 아닌 지엽적 관점에서 때로는 모순적이거나 상충되는 정책들이 시행되고 있었다. 이러한 상황에서 당시 유럽 국가들이 단순히 금과 은이 많은 나라를 부강한 나라라고 여겼던 것은 놀라운 일이 아니다. 이는 국민을 동원하는 오늘날 군대와 달리 돈으로 직업 군인을 사서 전쟁을 치르던 당대 군주들의 이해관계와도 맞물렸기 때문이다.

이렇듯 국부란 곧 금과 은이며, 이를 위해 수입은 최대한 줄이고 수출만 늘려야 한다는 경제사상을 '중상주의'라고 한다. 남아메리카 식민지에서 엄청나게 많은 금과 은을 착취한 스페인이 낙후된 국내 산업에도 불구하고 세계 최강국 반열에 오를 수 있었던 이유가 바로 이 때문이다.

중상주의적 관점에서 당대 군주들에게 무역이란 또 하나의 전쟁이었다. 세상의 '부', 즉 금과 은은 한정돼 있으며 내가 얻으면 경쟁자가 잃는 제로섬 게임이었던 것이다. 그래서 유럽 각국은 군비를 증강하여 무역로를 보호하는 한편 무역 때문에 대규모 전쟁을 벌이기도 했다. 또 값비싼 향신료와 금, 은광을 찾아 공격적으로 식민지 확장에 나섰다. 이렇게 중상주의는 대외적으로 국가 간 충돌을 불러오는 한편 내부적으로는 궁핍을 불러왔다.

군주는 나라 밖으로 금이 유출되는 것을 막기 위해 수입과 재정지출을 최소화했고, 국민들은 근검절약을 강요받았으며, 재투자가 이루어지지 않아 실질적인 경제는 제자리걸음 했다. 한편 국가 안으로 귀금속이 계속 유입됨에 따라 물가는 상승했고, 이는 상인과 지배계급을 제외한 모두를 더욱 빈곤하게 만들었다.

이런 중상주의의 폐해를 지적한 것이 영국의 철학자 애덤 스미스였다. 18세기 영국은 인본주의와 합리주의에 입각해 사회학, 문학, 수학과 과학 등 여러 사상과 발견이 쏟아져 나오던 계몽기였다. 이런 계몽사상가인 스미스가 보기에 중상주의란 사상이라 일컫기에도 부끄러운 것이었다. 그저 상인을 비롯한 경제적 기득권들이 자기 입맛에 맞는 정책들을 입안하기 위해 내놓은 어불성설 꾸러미에 불과했다. 그러나 경제뿐 아니라 당대 열강들의 군사, 외교, 식민지 확장 등 모든 국가 정책은 중상주의에 기반하고 있었다. 게다가 경제라는 개념에 대한 이해도 아직은 너무나 원시적이었다.

스미스가 참고할 선행 연구도 변변치 않았으며, 자신의 주장을 뒷받침할 기초 개념과 경제 지표도 존재하지 않거나 불명확했다. 그럼에도 그는 경제학 기본 개념들의 정의와 상호 관계를 직접 정립하고, 조세 제도부터 무역 정책까지 국가 경제를 총망라하여 《국부론》을 출간했다.

오늘날 경제학 고전이라 여겨지는 《국부론》은, 250년 전에는 모든 기성의 이론을 뒤엎는 극단적 도전이었다. 마치 지구를 중심으로 우주가 회전한다는 천동설에서 태양을 중심으로 지구도 회전한다는 지동설로의 패러다임 전환과 같은 충격이었다.

◆ ## 그는 어떻게
경제학의 아버지가 되었나?

《국부론》의 원제는 《국부의 본질과 원천에 대한 탐구(An Inquiry into the Nature and Causes of the Wealth of Nations)》로, 이는 책 내용을 정확히 설명한다. 스미스는 이 책의 초반부에서 부란 무엇이며 무엇이 나라를 부유하게 만드는지 설명하는데, 이는 이어지는 내용의 논리적 토대가 된다. 그리고 이 원리가 역사 속에서 어떻게 실현됐는지 설명한 후, 당대 영국의 경제 정책이 국부의 형성을 저해하고 있다며 강도 높게 비판하는 한편 대안으로서 폭넓은 분야에 걸쳐 다양한 정책을 제안한다.

스미스는 《국부론》의 전반부에서 분업을 통한 생산력 증대야말로 국부의 가장 큰 원천으로 꼽는다. 발전된 국가일수록 생산 활동의 분업이 고도화되며, 이는 보편적인 생활 수준의 향상을 낳는다는 것이다. 이를 쉽게 설명하기 위해 스미스는 핀 공장의 예시를 든다. 열명 남짓한 일꾼이 자신에게 주어진 할당량을 생산할 때는 각자 20파운드 남짓을 생산하던 것이, 과정별로 작업을 나눠 분담하자 생산량이 수천 파운드까지 뛴 것이다. 이처럼 스미스는 분업을 통한 생산성 증대는 제조업, 농업, 상업 심지어 예술에도 적용할 수 있다고 말한다. 모든 분야에서 효율화가 진행되면 곡물과 망치부터 술과 사치품까지 사회에 모든 상품이 풍부해지고 모두 부유해진다는 것이다.

스미스가 보기에 분업은 특별한 비법이 아니었다. 문명 이전부터 인간이 자신의 업에 특화하여 생산한 물건을 물물 교환하던 것처럼 자연스러운 경향이라고 설명한다. 그렇다면 왜 사람들은 분업을 통해 부유해지지 못했던 것인가? 이는 분업의 정도가 시장 규모에 제약을 받기 때문이다. 인구가 많지 않은 시골에서 대장장이는 연장만 생산해서는 생계를 꾸리기 어렵다. 대장장이가 고도의 기술력을 발휘한다 해도 연장을 사줄 인구가 부족하며, 연장이 팔리지 않으면 직접 만들지 못한 생필품을 마련할 형편이 안 되기 때문이다. 분업을 위해서는 인구뿐 아니라 지리도 중요하다. 무역은 결국 지역 단위로 이루어진 대규모 분업이며, 가장 효율적인 방법은 마차가 아닌 선박을 이용하는 것이었다. 그래서 역사적으로 부유한 중심지는 바다나 큰 강을 중심으로 형성됐다.

분업 혹은 무역의 과정에서 꼭 필요한 것이 가치의 매개체, 즉 돈이다. 제빵사가 빵을 만들어 고기로 바꾸고 싶어도 푸주한이 이미 빵을 충분히 가지고 있다면 거래는 일어나지 않을 것이다. 그러나 돈이 존재한다면 이 문제가 해결된다. 제빵사는 푸주한에게 빵 대신 돈으로 고깃값을 지불하고, 푸주한은 이미 충분한 빵 대신 자신에게 정말 필요한 상품을 살 돈을 벌게 된다. 돈은 분업을 통해 자원이 순환할 수 있도록 하는 경제의 혈액과 같은 것이다.

스미스가 돈의 기원과 역할을 밝히는 이유는 돈에 대한 오해를 불식시킴으로써, 이 잘못된 관념에서 비롯된 당대의 경제 정책을 비판하는 초석을 다지기 위해서였다. 당시 세계적으로 통용되던 화폐는 금과 은이었는데 스미스는 이는 결코 귀금속이 높은 가치를 내재하고 있기 때문이 아니라는 것을 지적한다. 금이 곧 돈이 된 것은 쉽게 변질되지 않고, 녹이거나 나누기 쉬워서일 뿐이라는 것이다.

그렇다면 재화(물건)의 실질적인 가격은 무엇이 결정하는가? 스미스는 이 질문에 대한 답이 수요와 공급 메커니즘이라고 답한다. 시장 참여자들이 서로 경쟁하며 시장 가격을 형성한다는 것이다. 그리고 이 과정에서 판매자들은 더 낮은 가격으로 구매자를 유인하면서 더 많은 이익을 남기기 위해 분업과 혁신을 가속화한다. 이렇게 얻은 이익 중 일부는 생계를 위해 즉시 소비되고 나머지는 다시 생산을 위해 투자될 것이다. 스미스는 이 과정이 반복되며 눈덩이처럼 불어난 생산 자본이야말로 국부의 원천이라고 보았다. 즉, 국부란 금고 안에 쌓인 귀금속이 아니라 곡물, 기계 그리고 선박 등을 만들어내는 총체적 생산 역량이라고 바로잡은 것이다.

이어서 스미스는 자신의 이론이 역사 속에서 어떻게 전개됐는지 설명한다. 그가 갑자기 과거로 회귀하는 궁극적 이유는 통치 제도가 국부에 끼치는 영향을 설명하기 위해서다. 그가 보기에 농촌이 먼저 부유해지고 그다음 도시 제조업이 부흥하는 것이 자연스러운 순서였다. 이는 식량이 인간의 모든 필요를 앞서기 때문이다. 그러나 실제 역사에서는 도시가 먼저 부유해졌으며, 농촌은 도시의 부가 쏟아져 나온 후에 부유해졌다.

스미스는 이 원인을 도시의 시민과 농촌의 농노가 가진 법적 지위 차이라고 보았다. 중세 유럽에서 봉건 귀족들은 넓은 영지를 소유했지만, 실제로 땅을 일구고 관리하는 것은 하인과 농노들이었다. 이들이 성실히 일해도 그 대가는 영주들이 가져갔으며, 귀족들은 이렇게 축적한 재산을 군대와 사치를 위해 썼다. 게다가 토지는 군주가 가신에게 하사한 것으로, 장남에게 상속될 뿐 거래는 불법이었다. 이는 더 능력 있는 사람들이 토지를 얻는 길을 차단했다.

반면 도시의 사정은 농촌과 달랐다. 중세 국왕들은 귀족을 견제할 필요가 있었다. 그래서 국왕이 도시 시민들을 자기편으로 회유하기 위해 권익을 보장해주었으며, 이를 토대로 부가 창출될 수 있었다. 낮은 세율, 사유 재산권과 경제적 자유가 보장된 시민들은 자신이 노력한 대가를 누릴 수 있었으며 이는 도시의 부흥을 낳았다. 또 도시에는 농촌의 잉여 생산물을 받아들일 충분한 시장이 형성되었으며 이는 생산 특화, 즉 분업을 촉진했다.

스미스는《국부론》전체에 걸쳐 사람들이 노력의 대가를 얻을 수 있게 만드는 것이 국부 증진을 위한 가장 효율적인 제도임을 은연중에 반복한다. 노동의 대가가 나의 이익으로 이어진다면 사람들은 경쟁적으로 자신의 업을 효율적으로 수행하는 법에 대해 탐구할 것이다. 이때는 개인만 부유해지는 것이 아니라 사회 전체에 값싸고 질

좋은 생산품이 넘치게 된다. 이것이 스미스가 이야기하는 '보이지 않는 손'이다. 즉, 개인이 오직 자기 이익만을 추구함에도 불구하고 궁극적으로는 사회 전체를 부강하게 만들도록 이끄는 힘을 말한다. 보이지 않는 손은 스미스의 또 다른 명저《도덕 감정론》에서 더 명시적으로 다뤄지지만,《국부론》을 암묵적으로 관통하는 핵심 주제이기도 하다.

이렇게 국부에 대한 원리적 설명에 이어서 스미스는 구체적이고 실용적인 정책 제안을 다룬다. 그는 먼저 당대 열강들의 보편적인 정책 기조였던 중상주의를 신랄하게 비판한다. 18세기, 영국의 무역 정책은 흑자를 기록하기 위한 총력전이었다. 이를 위해 영국 정부는 다양한 무역 장벽을 도입했는데 스미스가 보기에 이는 무역, 즉 국제적 규모의 분업을 막는 행동으로 국부 형성에 정면으로 충돌하는 것이었다.

중상주의 정책으로 아무리 금을 쌓아 올려봐야 금이 그 자체로 무슨 쓸모가 있겠는가?《국부론》에서 스미스가 정의한 '부'는 상품을 생산해내는 능력이었다. 쌓아놓은 금은 그 자체로 식량처럼 누구를 먹여 살릴 수도, 기계처럼 더 많은 부를 창출할 수도 없다.

그렇다면 중상주의 정책은 도대체 누구를 위한 것인가? 스미스는 말 그대로 상인들의 배만 불리는 제도라고 비판한다. 무역 장벽은 향신료와 같이 생산력 증대에 도움이 안 되는 사치품을 파는 상인들에게 커다란 이익을 가져다주었다. 이들은 수입을 제한하고 수출을 지원하는 것이 국내 생산자들을 보호하는 것이라 주장했으나, 스미스는 중상주의자들이 생산자를 보호한다는 명목으로 국내 소비자들을 말려 죽이고 있다는 점을 널리 알린다.

그는 중상주의적 무역 장벽은 결코 국부를 증대시킬 수 없으며, 단지 한 집단에서 다른 집단으로 부를 이전하는 것에 그칠 뿐이라고 주장한다. 그리고 이처럼 편파적인 정책이 시행되도록 제도에 압력을 행사하는 독점 상인, 대금업자, 협동조합과 기업 집단을 비판한다. 이들은 시장 경제에서 가장 수혜받으면서 동시에 자유 시장을 위협하는 존재들이라는 것이다.

무려 250여 년 전 스미스의 주장은 21세기 우리에게도 많은 시사점을 준다. 현재 플랫폼 경제를 기반으로 하는 우리는 높은 정부 지출을 통해 혁신 산업 안의 스타트업들을 대거 지원하며 국가의 수치적 부를 늘려줄 신성장 동력을 찾기 위해 고군분투하고 있다. 흥미로운 사실은 대부분의 혁신 산업 내 스타트업들은 생산이 아닌 중개를 위한 플랫폼에 집중한다는 것이다. 중개 플랫폼은 그 자체로 누구를 먹여 살릴 수도, 기계처럼 더 많은 부를 창출할 수도 없다. 실제 생산하지 못하는 플랫폼을 성장시키는 것은 누구를 위한 것일까? 이미 250여 년 전에 이러한 고민을 하고 답을 제시한 책이 바로《국부론》이다.

스미스의 정책 조언 중 가장 파격적인 것은 단연 식민지를 독립시켜야 한다는 것이었다. 당대 열강들은 식민지 수탈을 의도로 확장 정책을 펼치고 있었는데, 이는 막대한 국방 지출을 야기했다. 특히나 이 책이 출간될 당시는 영국의 식민지이던 미국의 13개 주가 독립을 선언한 해였다. 스미스는 이 '반란'에서 역으로 공동의 번영을 위한 무역 파트너이자 충성스러운 동맹의 가능성을 꿰뚫어 보았다. 그는 높은 세율과 중상주의적 정책으로 식민지를 쥐어짜는 대신 이들이 발전할 수 있도록 자율성을 부여하여 자유 무역 파트너로 만들어야 한다고 주장했다. 당시 식민지 미국은 본국을 뛰어넘는 속도로 성장하고 있었는데, 이들과 하나의 경제권을 형성하면 무역을 통해 서로가 번영하리라 예측한 것이다.

◆ **250년 전 책이지만
아직도 배울 게 있다**

《국부론》이 뉴턴의 《프린키피아》, 다윈의 《종의 기원》과 공유하는 특징은 후대 연구의 토대가 되는 기본 중의 기본 이론을 정립했다는 점이다. 《국부론》 이전의 세계에서는 국가의 경제적 발전이라는 현상을 일관되게 설명할 이론적 체계가 자리 잡지 못한 상황이었다. 지엽적 이해에 기반하거나 자신의 입맛에 맞는 해석을 짜맞춘 설명이 난무하던 때, 스미스는 예리한 통찰로 경제 발전을 설명하고 이 이론을 응용한 정책 제도까지 제안한 것이다.

국부란 금은보화가 아니라 생산 역량이라는 그의 발견은 왜 근대 세계를 영국이 제패했는지도 명료하게 밝힌다. 당대 최강의 나라는 신대륙을 발견하여 막대한 금은을 축적한 스페인도 아니었고, 비옥한 토지와 인구를 바탕으로 강한 군대를 조직한 프랑스도 아니었다. 가장 먼저 산업 혁명을 일으키고 자유 시장을 받아들인 영국이 세계 질서를 확립한 것이다.

《국부론》은 꽤 난이도 있는 전문 학술서임에도 불구하고 출간 즉시 매진됐으며, 영국 전역에서 선풍적인 인기를 끌었다. 데이비드 흄, 액턴 경, 에드워드 기번과 같은 당대의 학자들에게 극찬을 받은《국부론》의 입지는 출간 다음 세기에도 이어졌는데, 마르크스 또한《자본론》을 집필할 때 그의 책을 긴밀히 참조했으니, 고전의 영향을 받아 새로운 고전이 탄생한 셈이다.

《국부론》의 이론적, 논리적 빈틈을 보강하거나 반박하는 후대의 학자들이 나온 한편 스미스가 직관으로 짚은 부분을 수학적으로 증명해내기도 했다. 스미스의 영향을 받은 것은 학자들뿐만이 아니다. 출간된 이듬해 영국 정부는《국부론》에 나온 세제 정책을 바로 입안했으며, 이후에도 영국 총리들이 그에게 중대사에 대한 조언을 구하기도 했다. 또 미국의 초대 재무부 장관을 역임한 알렉산더 해밀턴은《국부론》의 자유 무역을 기반으로 하되, 자국 내의 잠재성은 있으나 아직 미숙한 산업, 즉 유치 산업을 전략적으로 보호 육성해야 한다는 응용 안을 내놓기도 했다.

스미스는 미래를 예견한 사람이기도 하다.《국부론》이 출간된 1776년은 영국이 '해가 지지 않는 나라'라는 수식에 어울리는 전 지구적 식민 제국으로 발돋움하던 시기였다. 이 와중에 식민지를 해방시키고 무역 동반자로 삼아야 한다는 그의 주장은 과연 파격이었다. 동시에 그의 선구안이 돋보이는 부분이기도 하다. 이 시기, 미국은 독립 전쟁 중이었는데 스미스는 이를 '소요 사태'라고 과소평가하면서도 식민지 미국의 독립은 결국 필연이라고 말했다. 더 나아가 미국이 역사적으로 유례없는 제국이 될 것이며, 영국은 미국과 함께 번영하는 동반자가 돼야 한다고 주장했다. 역사를 아는 현대인들에게는 예언처럼 맞아떨어진 내용이다.

스미스의 주장대로 대영제국은 정복 전쟁과 열강 사이의 경쟁으로 점철되던 식민 시대를 뒤로하고, 제도문화와 경제권을 공유하는 영연방이 됐다. 물론 스미스의 주장이 순식간에 받아들여진 것은 아니었다. 세계화와 이에 따른 번영을 누리는 현대인들이 보기에 스미스의 '국부 레시피'는 만국에 적용된 듯 보이지만, 이와 같은 국제 무역은 제로섬 논리에 기반한 두 차례의 참혹한 세계대전 이후에나 실현될 수 있었다.

02

토머스 맬서스
《인구론》
1798

인구가 식량보다
빠르게 증가한다면?

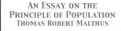

토머스 맬서스(Thomas Malthus, 1766~1834)

영국의 신학자이자 고전파 경제학자. 국가 경제가 성장했음에도 불구하고 개인 삶의 질은 나아지지 않는다는 점에 주목했고, 그 이유를 인구의 증가 속도가 식량 생산량 증가속도를 앞지르기 때문이라고 주장했다. 그의 비관적인 이론은 당시 만연했던 계몽주의적 세계관에 대한 직접적 도전인 동시에 후대 정부에 대한 정책적 제언이었다.

현대를 사는 인류에게 인구 증가와 경제 성장은 매우 자연스럽다. 50년 전 선조들보다 우리가 물질적으로 더 풍요롭게 사는 것에 대해 대부분은 이상하다고 생각하지 않는다. 오히려 당연하다고 생각한다. 후손들에게 더 크고 성장한 경제를 물려주어야 한다는 생각도 당연하게 받아들인다. 그렇기에 오늘날 출산율 저하와 인구 감소를 심각한 문제로 받아들이는 것이다.

일례로 우리나라의 경우, 1954년부터 2022년까지 경제가 성장하지 못한(즉, 마이너스 경제 성장률을 기록한) 해는 1980년(제2차 오일 쇼크), 1998년(아시아 외환 위기), 2020년(코로나19 유행) 단 3년 밖에 없었다. 다시 말해 세 번 모두 극단적인 문제가 생겼을 때로, 즉 심각한 문제가 없다면 경제는 성장한다는 생각을 구성원 대부분이 가지고 있다.

그런데 사실 역사적으로 인구와 경제는 성장하지 않았다. 예를 들어 중국의 경우, 진시황이 중국을 통일한 이후부터 명 대 말기에 이르기까지 1,800여 년 동안 인구 약 8,000만 명을 넘지 못했다. 정치적 안정과 경제적 성장을 이룩한 한나라 때는 인구가 6,000만 명까지 증가했다가 군벌들이 난립한 동한 말부터 삼국 시대까지 4,000만 명까지 감소했다. 경제적으로 눈부신 성장을 이룬 송 대에는 인구가 7,600만 명까지 늘었다가 다시 원·명 대에 6,000만 명으로 줄었다. 경제 규모도 인구수에 맞추어 커졌다 작아지기를 반복했다.

유럽의 상황도 크게 다르지 않았다. 로마가 멸망한 476년부터 1400년대까지 1,000년 동안 유럽의 인구는 크게 변화하지 않았다. 식량 생산이 늘어 인구가 성장하면 곧 전쟁, 역병, 기근 등이 닥쳐 인구가 감소했기 때문이다. 로마 제국의 인구는 5,000만 명 정도로 추산되는데, 로마 제국 멸망 후 암흑기를 거친 8세기에는 유럽 인구가 3,000만 명 수준으로 감소했다. 프랑크 왕국, 신성 로마 제국, 잉글랜드 왕국을 중심으로 경제적 안정을 되찾은 1100년대 유럽 인구는 7,000만 명까지 증가했으나 이후 십자군 전쟁과 흑사병을 경험하며 다시 빠르게 감소했다. 이처럼 2,000여 년간 정체돼왔던 경제 규모와 인구수는 17세기에 시작된 근대 유럽의 경제적 팽창 그리고 영국을 중심으로 한 산업 혁명으로 인해 급격히 성장한다.

《인구론》이 출간된 18세기 말 유럽은 경제적, 사회적으로 정체되었던 중세와 달리 빠른 발전을 경험하고 있었다. 농업 기술의 발전을 통해 식량 생산량이 크게 늘었고, 산업 혁명으로 새로운 동력원도 발견됐다. 게다가 제니 방적기 등의 발명으로 가내 수공업이 대규모 공장제 생산으로 대체됐다. 그 결과, 유럽의 국부는 크게 증대됐으며, 인구 역시 빠른 속도로 늘기 시작했다.

이러한 눈부신 경제적 팽창을 목도한 당시 유럽인들 사이에는 낙관론이 팽배했다. 장 자크 루소와 같은 계몽 사상가들은 자기 자신을 위하는 개개인의 마음이 모여 사회가 스스로 발전할 수 있는 사회적 조건이 확보되면, 개인과 공동체의 조화를 창출할 수 있다는 주장을 펼쳤다. 또 루소의 영향을 받은 윌리엄 고드윈 등의 사상가들은 미래 사회는 궁핍과 기아, 정치적 탄압이 없는 유토피아를 향해 나아갈 것이라고 주장했다.

그러나 유럽 각국의 국부가 빠르게 증대되는 것에 반해 국민들 삶의 질은 계속해서 피폐해졌다. 반복된 전쟁과 경제력을 갖춘 부르주아 계층의 부상으로 인해 가난한 사람은 더 가난해지고 부자는 더 부자가 된 것이다. 인클로저 운동●과 같은 경작지 사유화를 통해 지주들은 생산량을 늘릴 수 있었고, 이 덕분에 식량 생산이 증대됐다. 그러나 토지 소유권을 인정받지 못한 영세 농민들은 소작농이 되거나 도시 빈민이 됐고, 산업 혁명을 기반으로 한 공업화를 통해 영국 산업과 경제는 놀라운 속도로 성장했지만 노동자들은 겨우 생계를 유지하는 임금을 받으며 슬럼가의 열악한 환경에서 생활하게 된다.

《인구론》 출간 당시 유럽은 산업 혁명의 초창기로, 경제 발전의 시기인 동시에 미국 독립 혁명과 프랑스 혁명이 일어난 지 얼마 안 된 격변의 시기였다. 인류는 장밋빛 미래를 꿈꾸었고 이상적 낙관론이 팽배했다. 그러나 현실에서는 양극화가 심해지고 정치적 불안정과 사회 부조리가 넘쳐났다. 현실과 이상의 괴리가 커져만 가던 모순적인 시대였던 것이다. 이러한 시대에서는 당연히 어떤 정치 제도가 가장 효율적인지에 대한 논의가 활발히 일어날 수밖에 없었다. 그리고

● 17~19세기 유럽에서 개방 경지나 공유지 또는 황무지를 울타리나 돌담으로 둘러 막아놓고 사유지임을 명시한 운동.

맬서스는 빈곤이 필연적이라는 비관적 이론과 함께 빈민층을 구제하기 위해서는 인구 증가를 막아야 한다는 파격적이면서 언뜻 보기에 잔혹한 주장을 펼친다.

맬서스의 《인구론》은 낙관론을 주장하던 계몽주의자 윌리엄 고드윈이 1793년 출간한 《정치적 정의》에 대한 반박으로 쓰였다.

◆ **인구 증가와
식량 위기의 상관관계**

《인구론》은 정치적 안정과 경제적 성장으로 인해 인구가 증가하면 필연적으로 인구 증가를 억제하는 요인들이 등장한다고 주장한다. 이 책에 따르면 인류는 수많은 기술 혁신과 정치 제도의 개선에도 불구하고 번영과 궁핍 사이를 진동할 수밖에 없는데 그 이유는 부, 즉 식량 생산이 증대되면 이에 맞춰 인구도 증가하기 때문이다. 인구가 증가하면 더 많은 사람과 식량을 나눠야 하기 때문에 국가 전체의 경제는 발전하고 인구도 증가하지만, 개인의 삶은 나아질 수 없다는 논리다.

여기에 경제 성장이 얼마나 빠르든 언제나 인구 성장에 따라잡힐 수밖에 없다는 주장을 더한다. 인구는 기하급수적으로 증가하는데, 식량 생산은 산술급수적으로 증가하기 때문이다. 결국 식량 생산이 감당할 수 있는 극단적 한계치까지 인구는 증가하다가 다시 감소할 수밖에 없다. 맬서스는 그 예로 낙후된 문명과 근대 유럽 여러 나라에서 나타난 인구 억제 요인들을 제시한다. 미국 인디언, 미크로네시아, 고대 북유럽, 시베리아, 그리스, 로마, 러시아, 스위스, 프랑스, 영국, 스코틀랜드 등이 그 사례다.

경제적 풍요가 인구 증가를 가져오고, 인구 증가는 개인의 식량 부족을 가져와 다시 인구가 감소하는 이 순환의 고리는(맬서스는 이를 '고통의 순환[Cycle of Misery]'이라고 불렀다) 끊임없이 반복돼왔고, 앞으로도 필연적으로 이어질 거라 말한다.

앞서 《인구론》은 윌리엄 고드윈의 저서 《정치적 정의》에 대한 반박으로 쓰였다고 설명했다. 《인구론》의 중반부부터 이 책을 쓴 목적이 구체적으로 드러나는데, 여기서부터 프랑스 철학자이자 정치학자 콩도르세(계몽주의자)와 윌리엄 고드윈의 주장에 대해 다룬다.

고드윈은 루소의 영향을 받은 낙관론자였다. 그는 부가 증대됨에 따라 사람들이 더 빨리 지성을 갖추고, 합리적으로 생각하며, 개인 삶의 질에 신경 쓸 것이라고 예측했다. 그러나 맬서스는 고드윈이 말하는 미래상이란 역사 속에서 경험으로 실현된 적 없는 주장이며, 한 걸음 더 나아가 고드윈이 말하는 합리적이고 계산적인 인간상은 비현실적인 이상에 불과하다고 비판한다. 인류는 본성적으로 욕구가 이성에 앞서기 때문에 갑자기 합리적이고 지혜로워질 수는 없다는 것이다. 그렇기에 루소와 그 후계자들이 예상하는 정치적, 물질적 평등은 찾아올 수 없으며, 국민 대부분은 빈곤한 상태에 전락할 것이라고 주장한다.

그렇다면 18세기 이후 인류는 빈곤하고 비참한 삶을 살 수밖에 없는 운명인 걸까? 맬서스는 꼭 그렇지만은 않다고 이야기한다. 일단 그는 경제학자들이 말하는 부의 개념이 바뀌어야 한다고 주장했다. 기존 경제학자들은 국가의 부를 측정할 때 빈민 가정을 위한 빵한 바구니보다 귀족 한 사람을 위한 고기 한 조각에 더 높은 가치를 부여했다. 고기가 빵보다 더 비싼 가격에 거래되기 때문에 국가의 부를 측정하는 데 고기가 더 높은 가치를 갖기 때문이다. 객관적으로 보았을 때 이는 맞는 주장일 수 있다. 그러나 빵은 인류 생존을 위해 꼭 필요하지만 고기는 그렇지 않다는 측면에서 접근한다면 생존을 위한 부를 측정하는 데 있어서는 빵이 고기보다 더 높은 가치를 가져야 한다. 즉, 목적에 따라 부의 개념이 바뀌어야 한다는 의미다.

이런 맥락에서 맬서스는 국가의 부는 공업 제품을 제외한 식량 생산만을 가지고 측정돼야 하며, 국가는 빈곤층을 구제할 수 있도록 식량 증산을 최우선 정책 목표로 삼아야 한다고 말한다. 이에 더해 빈곤층을 위한 구제책을 철폐해야 한다고도 주장한다. 맬서스는 빈곤층을 위한 구제책의 의도는 훌륭하지만 식량 증산 없이 보조금만 지급한다면 식량 가격만 상승할 것이라고 분석했다. 그러면 보조금조차 받지 못한 빈민들은 더 곤궁해질 가능성이 있다. 동시에 구제책과 같은 사회 안전망을 제공하지 말아야 빈민들도 스스로 위험을 이해하고 미래를 설계하게 될 것이라는 주장을 펼쳤다.

맬서스는 인간이 쾌락 추구에서만 동기를 찾는다는 고드윈의 주장에 동의하는 동시에 불쾌함을 없애기 위해서도 동기를 찾는다는 존 로크의 주장에도 동의했다. 성직자였던 맬서스는 현실의 암담함은 신이 인간을 더 강하게 만들기 위한 시련이라고 생각했다. 따라서 국민이 빈곤을 맞이한다면 그 궁핍을 벗어나기 위해 스스로 가계를 돌보고 삶을 계획할 것이라고 여겼다. 그러므로 정부는 무엇보다 빈부 격차가 극단으로 벌어져 국민들이 삶을 포기하지 않을 만한 정치 체제를 찾아야 한다고 주장했다.

《인구론》을 접한 독자들은 당황스러울 수 있다. 일단 너무나 많은 예시에 압도되기 때문이다. 또 현대의 우리는 이 책의 수많은 사례에서 쉽게 오류를 찾을 수도 있다. 그러나 우리가 기억해야 할 것은 이 책이 1798년에 발간됐다는 점이다. 이 시기는 우리가 인터넷을 통해 쉽게 접할 수 있는 수많은 연구 성과와 분석들이 아직 논의되지 않은 시점이며, 인구와 경제를 바라보는 시각이 현대의 그것과는 매우 다르다. 그렇기에 책 전반에 걸쳐 논의되는 예시들의 한계를 받아들이며 맬서스의 주장을 이해해야 한다.

◆ 찰스 다윈의 《종의 기원》에 영감을 주다

《인구론》은 출간되자마자 격렬한 논쟁을 불러일으켰다. 당시 사회에 팽배해 있던 낙관론에 정면으로 배치되는, 그것도 상상 가능한 한도 내에서 가장 암울하고 비관적인 미래를 주장했기 때문이다. 빈곤을 필연적으로 가정하고 빈민 구제 정책을 비판한 맬서스의 주장은 당대 많은 이의 반감을 불러왔다. 그의 주장이 합리적이라고 생각한 사람들조차 특유의 차가운 문체와 어조에 거부감을 느낄 정도였다. 이 때문에 맬서스의 주장은 크게 와전돼 퍼지기 시작했다. 어떤 이들은 맬서스가 빈곤을 타파하기 위해서는 빈민층의 아기를 가스실로 보내야 한다고 주장했다고 그 내용을 왜곡했다.

찰스 디킨스의 《크리스마스 캐럴》은 맬서스의 암울한 《인구론》을 반박하기 위해 쓰인 것으로 유명하다. 이 소설의 주인공이자 '맬서스의 화신' 스크루지는 소설에서 "가난한 사람들을 구빈원(救貧院, workhouse)에 넣어라. 구빈원에 가느니 죽는 게 낫다면 죽으라지. 그럼 잉여 인간들은 줄어들 테니"라고 이야기한다.

이 책을 통해 《인구론》이 쓰인 배경과 맥락 그리고 내용을 알게 된 독자들이라면 찰스 디킨스가 맬서스의 주장을 제대로 이해하지 못하고 스크루지라는 캐릭터를 탄생시켰다는 것을 알 수 있을 것이다. 맬서스는 가난한 사람들을 잉여 인간이라고 주장하지도, 이들을 가두라고 하지도, 이들이 죽어야 한다고 이야기하지도 않았다. 또 인구는 경제가 부양할 수 있는 최대 한계점까지만 성장한다고 주장했음에도 불구하고 많은 사람이 이를 종말론으로 받아들여 인구의 폭발적 증가가 대기근과 대역병, 대멸종으로 이어진다고 받아들였다.

이러한 반발과 왜곡에도 불구하고 《인구론》은 19세기 영국의 정책에 큰 영향을 미쳤다. 맬서스의 이론에 따라 1834년 영국 의회는 빈곤층을 위한 지원금을 크게 삭감했으며, 1845년 아일랜드 대기근 때 정부가 '무대응 정책'을 펼치는 논리적 근거가 됐다. 물론 그 결과는 재앙적이었지만 말이다.

1801년 아일랜드를 합병한 영국은 강도 높은 식민지 수탈을 자행했다. 이에 아일랜드인은 빈곤한 소작농으로 전락했다. 농토에서 귀족들은 말, 소, 돼지 등을 키웠고, 고기를 구매할 수 없었던 아일랜드인은 어쩔 수 없이 감자만으로 근근이 끼니를 때웠다. 그러던 중 1845년 감자에 전염병이 돌자 감자 흉년이 들었고, 유일한 식량인 감자 가격이 폭등했다. 이때 영국 정부는 맬서스의 이론을 근거로 들며 재난을 방치했다. 단순한 흉년을 대기근으로 악화시킨 것이다. 이 기근으로 인해 800만 명이던 아일랜드 인구는 600만 명으로 감소했다. 100만 명이 죽고, 100만 명이 미국에 이민을 갔다. 기근이 끝난 이후에도 파탄 난 경제를 피해 이민은 이어졌고 아직까지 아일랜드 인구는 500만 명에 그친다.

맬서스의 이론은 후대에 이르러 다양한 측면에서 반박됐다. 맬서스 이후 인구는 40년에 한 번꼴로 두 배씩 증가하면서 70억 명에 육박하는데, 전 지구적인 대기근은 닥치지 않았으며 절대 빈곤층의 생활 수준도 향상됐다. 그 이유는 맬서스가 간과한 기술 혁신 때문이다. 화학 비료의 개발과 농업의 기계화가 불러온 20세기 중반의 '녹색 혁명', 유전자 조작을 통한 품종 개량은 토지의 식량 생산 역량을 크게 증대시켜 주었다.

맬서스의 이론은 이처럼 후대 경제학에서 반박되고, 역사를 통해 반증됐다. 그러나 당대 정책에 큰 영향을 끼쳤으며, 찰스 다윈이 적자생존의 개념을 발견하는 데 영감을 주기도 했다.

03

존 스튜어트 밀
《정치경제학 원리》
1848

최초의
경제학 교과서

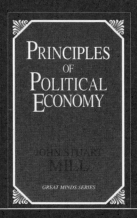

존 스튜어트 밀(John Stuart Mill, 1806~1873)

영국의 사회학자, 철학자, 정치경제학자. 경험주의 인식론과 공리주의 윤리학을 연구했
다. 35년간 영국 동인도회사에서 근무했고, 자유주의에 기반한 정치경제 사상을 가지고
정치에도 참여해 하원의원을 지냈다. 세 살 때부터 그리스어를 배웠고 열세 살 때 정치
경제학 공부를 시작하여 고전파 경제학자들의 저서를 두루 학습했다고 한다.

※ 주요 저서: 《자유론》

《정치경제학 원리》가 쓰인 19세기 중반까지 활동한 애덤 스미스, 데이비드 리카도, 토머스 맬서스, 카를 마르크스와 같은 경제학을 공부한 사람들은 경제학자이자 철학자, 정치학자였다. 이들은 사유를 기반으로 경제에 대해 고민했고, 그러한 사유를 공유했다. 그때까지 경제학과 철학의 경계는 모호했다.

당시는 애덤 스미스를 계승한 고전학파 경제학자들이 주류를 이루고 있었다. 그러나 산업 혁명 이후 빈부 격차가 심해지고 수많은 사회 문제가 야기되면서 자본주의와 자유주의에 대한 비판이 일기 시작했다. 18세기 중엽부터 영국과 프랑스를 중심으로 발달하던 자본주의는 산업 혁명을 맞아 확립되었지만, 또 그 산업 혁명의 결과물로 인해 비판받게 되었다. 이에 따라 마르크스와 같이 자본주의가 내적 모순으로 인해 붕괴될 수밖에 없다고 주장하는 학자들도 나타났다.

이러한 상황에서 시대가 경제학을 필요로 했기 때문에 경제학은 계속해서 사상적으로 발전해 나아갔다. 18세기부터 계속된 유럽 내 국가 갈등은 갈수록 심해져 국가의 운명을 건 전쟁들로 이어졌고, 전쟁에서 승리하기 위해서는 국부 증대가 그 어느 때보다도 절실했다. 자연스럽게 국가를 경영하는 사람들은 국가의 부와 경쟁력 그리고 생산과 소비에 더 많은 관심을 갖게 됐다.

존 스튜어트 밀은 그의 대부이자 스승인 제러미 벤담으로부터 공리주의°를 물려받았다. 그는 공리주의 관점에서 애덤 스미스로부터 내려오던 '국부란 무엇인가', '시장을 통해 국부를 증진시킬 수 있는가'에 대한 철학적 고민을 계속했다. 그러나 동시에 자본주의가 야기한 수많은 사회 문제에도 눈뜨는데, 특히 배우자이자 여성 운동가인 해리엇 테일러의 영향을 받아 여성과 노동 계급이 마주한 불평등에 대해 고민하게 된다. 이러한 배경을 바탕으로 밀은 고전학파의 주장을 비판적으로 통합하고 자본주의를 점진적으로 수정해야 한다는 사회 개량주의를 더해 《정치경제학 원리》를 집필할 수 있었다.

◆

철학의 틀에서 본
정치경제학

1919년에 앨프리드 마셜의 《경제학 원리》로 대체될 때까지 《정치경제학 원리》는 옥스퍼드 대학의 경제학 교과서로 쓰였다. 물론 현재 경제학 교과서에도 이 책의 내용이 대부분 반영돼 있다.

《정치경제학 원리》는 경제학 교과서임에도 불구하고 수식과 이론으로 무장한 현대 경제학에 익숙한 현대인들에게는 매우 생소하

● 최대 다수의 최대 행복을 추구함으로써 이기적 쾌락과 사회 전체의 행복을 조화시키려는 사상.

다. 막상 읽어보면 철학 서적에 가깝다는 느낌을 받을 수 있다. 이렇듯 《정치경제학 원리》는 초기 경제학이 철학의 틀 안에서 벗어나지 못한 한계를 보여준다. 이 책의 목차를 몇 가지 예시로 들면 다음과 같다.

- 1권 1장 3편: 자연이 노동의 효율성에 기여하는 정도는 직업의 종류에 따라 다른가?
- 1권 3장 1편: 노동은 물체가 아니라 효용을 생산한다.
- 1권 6장 2편: 유동 자본이 감소하는 대신 고정 자본이 증가하면 노동자는 불리할 수 있다.
- 1권 12장 1편: 토지의 제한된 양과 생산성이 생산에 대한 진정한 제약이다.

목차를 통해 알 수 있듯 이 책은 이론과 실증 분석이 아닌 사유를 통한 논의와 주장이 주를 이루는 철학서처럼 구성돼 있다. 우리가 경제학을 떠올리면 흔히 떠올리는, x축과 y축을 가로지르는 그래프와 수학적 공식, 방대한 통계 데이터로 이루어져 있지 않다.

이 책이 출간되기 전의 경제학자들은 시장을 믿는 고전파 경제학자들이 주류를 이루고 있었다. 그러나 밀은 달랐다. 고전파 경제학을 계승하여 자유주의적 관점을 견지하는 동시에 사회주의의 주장을 일부 받아들여 분배를 개선하고 사회의 점진적 개혁을 이루어야 한다고 주장했다.

밀은 이 책에서 고전학파인 애덤 스미스와 데이비드 리카도의 주장을 비판적으로 통합한다(애덤 스미스의《국부론》은 이전 장에서 다루었다). 리카도는 애덤 스미스와 함께 영국 고전파의 이론 체계를 완성한 영국의 경제학자다. 그는 애덤 스미스의 절대 우위론*에서 한 걸음 더 나아가, 한쪽이 모든 면에서 절대 우위를 지닌다 해도 상대적으로 더 잘할 수 있는 생산에 집중하면 이득을 얻을 수 있다는 비교 우위론을 주장한다.

밀이 말하는 사회 개량주의는 사실상 리카도의 주장을 도덕적으로 수정, 발전시킨 것이라고 해석할 수 있다. 예를 들어 불평등의 문제를 해결하기 위해 정부는 '생산과 분배의 방식'을 재검토하여 자본주의가 가진 문제점과 모순을 '수정'하고 '개량'하는 것이 중요하고, 이러한 개량은 '인간의 노력'으로 가능하다고 이야기한다. 그리고 그 노력이란 바로 '도덕 교육'이라고 말한다. 정말 철학자답지 않은가!

◆ 최초의
경제학 교과서

밀은 우리나라 윤리 교과서에 나올 정도로 유명하다. 아마 "벤담과 밀의 공리주의", "최대 다수의 최대 행복"을 들어보지 못한 이는 없을 것이다.

● 무역에 있어 상대국보다 더 낮은 비용으로 생산할 수 있는 재화를 생산에 특화한다면 무역하는 국가들의 전체 부가 증가할 수 있다는 이론.

또 《정치경제학 원리》는 베스트셀러로 밀 생전에 무려 일곱 판이나 찍었고, '한계 효용 이론'을 개척한 경제학자 윌리엄 스탠리 제번스가 이 책에 완전히 동의하지 않으면서도 자신의 수업 교재로 사용한 일화가 있을 정도로 19세기 후반 영국 경제학계에 가장 큰 영향력을 행사했다. 물론 19세기 중반에 쓰였기 때문에 오류가 많아, 고전 경제학의 오류를 모두 모아 편찬했다는 비판을 받기도 한다.

밀은 절충적 경제학자로 불릴 만큼 고전파, 신고전파, 개량적 사회주의 등을 모두 취합하여 이 책에 담았다. 자유주의를 옹호하면서도 자본주의 문제를 해결하기 위해 자유방임을 제한하고 정부의 개입을 찬성했다. 그 과정에서 책 자체에 많은 모순과 논리적 결함이 포함되었지만 이는 당시 시대적 상황에 따른 한계라고 생각한다. 거인의 어깨에 올라타 있는 우리는 지금의 시점에서 이 책의 논리적 모순을 조목조목 짚어낼 수 있을지 모르나, 19세기 중반에 이렇게 방대한 분량의 사유와 논의를 집대성하는 것이 결코 쉬운 일은 아니었을 테니 말이다.

함께 읽으면 좋은 책

- 《정치경제학과 과세의 원리에 대하여》 데이비드 리카도, 책세상, 2019
- 《공리주의》 존 스튜어트 밀, 현대지성, 2020

04

카를 마르크스
《자본론》
1867

인류에 가장 큰
영향을 끼친 책

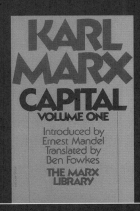

카를 마르크스(Karl Marx, 1818~1883)

역사가, 경제학자, 사상가이자 혁명가. 자본주의에 대한 통렬한 비판으로 유명하다. 《자본론》과 《공산당 선언》 등 그의 저서는 20세기 세계 각국 공산주의 혁명의 이론적 토대를 제공했다. 마르크스는 "지금까지 사상가들은 세상을 해석하기만 했다. 진짜 중요한 것은 세상을 변화시키는 일이다"라고 말했는데, 그의 말대로 마르크스의 사상은 경제학은 물론 세계사의 흐름까지 바꿔놓았다.

※ 주요 저서: 《공산당 선언》 《철학의 빈곤》

19세기, 산업 혁명은 빠른 속도로 사회를 변화시키고 있었다. 가내 수공업으로 물건을 자급자족하던 시대는 가고, 공장에서 싼값으로 물건을 대량으로 찍어낼 수 있는 시대가 열린 것이다. 철도와 증기 기관, 제니 방적기 같은 자동화 기계들은 산업화의 핵심 요소들이었다. 생산량이 급격히 늘어나고 소비가 그에 맞춰 늘자 자본주의는 꽃을 피웠다. 18세기 중엽부터 영국과 프랑스를 중심으로 발달한 자본주의가 산업 혁명을 맞아 확립된 것이다.

자본주의의 발달은 단순히 기술 발전에 따른 생산량 증대와 경제 확장에 의한 것만은 아니었다. 정치적 요인도 중요한 역할을 했다. 14세기부터 이미 영국 정부는 지주들이 농지를 독점할 수 있게 해주었고, 이 때문에 영세 농민들은 삶의 터전을 잃고 부랑자 신세로 전락했다. 이들이 빈민층이 돼 사회 불안을 야기하는 것을 막기 위해, 영국 정부는 실업자들을 처벌하는 정책을 꾸준히 펼쳤다. 대표적으로 헨리 8세와 엘리자베스 1세는 실업자들의 귀를 자르는 형벌을 집행했다. 특히 사지가 멀쩡한데도 실업자인 경우에는 교수형에 처하기까지 했다.

이 때문에 집과 땅을 잃고 절박해진 농민들은 생존을 위해 도시로 몰려들어 일자리를 구하기 시작했으며, 한때 자급자족하던 사람들은 이제 노동력을 팔고 임금을 버는 노동자가 됐다. 이렇게 300여 년에 걸쳐 도시화가 진행되던 영국에서 산업 혁명을 통한 기술 발전과 자본주의를 통한 노동력 충원은 급격한 경제 성장을 일으켰다. 막대하게 늘어난 생산 역량 덕분에 국부는 유례없이 빠르게 성장했으나 전성기를 누리는 듯한 외적인 모습 이면에는 빈부 격차로 인해 곪아가는 사회가 존재했다.

노동자들은 차마 눈 뜨고 볼 수 없는 처참한 환경에서 생활했고, 성인은 물론 여자와 어린아이들도 공장에서 하루에 12시간 넘게 일했다. 그러면서도 이들의 임금은 겨우 생계를 유지할 수준에 그쳤다. 전염병이 만연한 도시 빈민굴에서 굶주렸으며, 이로 인해 도시 노동자의 평균 수명은 급감했다. 이러한 현실을 마주한 마르크스는 노동자들의 비참한 삶을 목도하고, 자본주의가 어떻게 이들을 착취하여 소수를 부자로 만드는지 지적했다. 그리고 많은 이가 산업 혁명과 자본주의 이면에 가려진 참상에 공감하자, 마르크스는 공산주의 이론을 정립할 필요성을 느끼고 《자본론》을 저술했다.

자본주의의 모순을
고발하다

마르크스의 《자본론》은 지구상에 존재하는 수많은 경제학 서적 중 가장 유명한 책 중 하나일 것이다. 직접 읽어본 사람은 많지 않을지 모르나, 책 자체를 모르는 사람은 거의 없을 것이다. 실제로《자본론》에 대한 수많은 해석과 요약본도 존재한다. 재미있는 점은 대부분의 요약이나 해설이, 해설을 작성한 사람의 견해를 너무 많이 포함한다는 것이다. 특히 전달자의 주관, 믿음, 신념을 드러내기 위해 일부만 발췌한 요약이 많다. 그래서 특별히 여기서는 저자의 의견이나 견해보다 원서의 내용을 있는 그대로 독자들에게 전달하려 한다. (지면의 한계로 총 세 권 중 마르크스가 직접 집필한 1권만 소개하도록 하겠다.)

《자본론》은 세 권으로 쓰였는데, 1권인《자본의 생산 과정》은 1867년에 마르크스가 직접 출판했다. 그리고 이 책의 서문에서 마르크스는《자본론》의 전체 구성을 다음과 같이 밝힌다.

"이 책의 2권은 자본의 유통 과정(2부)과 자본의 총과정의 각종 형태들(3부)을 취급하게 될 것이며, 마지막 3권(4부)은 경제 학설사를 취급하게 될 것이다."

《자본론》의 2권과 3권은 마르크스가 초고를 쓰고, 그가 죽은 후 프리드리히 엥겔스에 의해 출판됐다. 서문에서 언급한 2부는 1885년《자본론》2권으로, 3부는 1894년《자본론》3권으로 출간된다. 4부인《경제 학설사》는 마르크스가 기획했지만 집필하지는 않았다. 그러나 마르크스가 남긴 여러 초고를 취합하여《잉여 가치 학설사》라는 제목으로 1900년대 초, 카를 카우츠키*의 편집으로 출간됐다.

마르크스는《자본론》을 통해 자본주의적 생산 방식의 문제점에

● 독일과 국제 사회주의자 회의에서 사회 민주주의를 주장한 경제학자이자 사회주의 이론가.《자본론》을 보급하는 데 힘썼다.

대해 고민하면서, 자본주의적 생산 방식을 대체할 수 있는 새로운 생산 방식에 대해 연구했다. 생산 방식에 중점을 두었기 때문에 자본론의 시작점은 생산의 결과물인 '상품'에 대한 고찰이었다. 상품에서 시작한 그의 논의는 자본의 순환 과정을 통해 자본주의를 기반으로 한 경제 체제 운영 방식에 대한 분석으로 이어진다. 이러한 분석을 통해 자본주의는 그 자체의 내적 모순을 지니고 있으며, 그로 인해 붕괴될 수밖에 없다고 주장한다.

마르크스는 상품을 다음과 같이 정의한다. 상품이란, 일반적으로 통용되는 의미를 넘어서 '인간의 욕구 충족에 도움되는 모든 것'을 포괄하는 넓은 개념이다. 상품의 가치는 그 물건이 실제로 쓰이는 사용 가치와 그 물건을 거래하는 교환 가치로 이루어지는데, 이러한 가치는 노동에 의해 만들어진다.

인간은 상품을 물물 교환해왔는데, 이 거래 과정을 촉진하기 위해 화폐가 등장했다. 화폐에는 내재적 가치가 없지만, 사람들은 상품 가치의 원천을 상품을 만드는 데 투입된 노동과 그 쓸모가 아닌 시장 가격에서 나온다고 착각하기 시작했다. 마르크스는 이를 '상품의 우상화'라고 지칭했다. 이렇게 돈이 숭배되자 돈의 축적이 그 자체로 목적이 되면서 돈을 모으는 것 자체가 궁극의 목표가 되는 현상이 나타나게 되었다.

상품의 가치는 가치의 척도인 화폐를 통해 자본으로 전환되는데, 자본을 축적하려다 보면 상품을 화폐로 그리고 다시 화폐를 상품으로 거래해서 소비하는 것이 아닌, 화폐를 상품으로 바꾸었다가 다시 화폐로 바꾸는 거래가 일어난다. 즉, 상품에서 상품이 아닌 돈에서 더 많은 돈으로 이어지는 거래가 성립한다. 이 과정에서 산출되는 자본이 투입한 자본보다 많기 위해서는 중간에서 어떤 가치가 창출돼야 하는데, 이 가치 창출을 가능하게 해주는 것은 상품밖에 없고, 상품은 노동력으로 만들어진다. 즉, 자본가들이 돈으로 노동력을 사서 이를 통해 다시 돈을 버는 것이다.

그런데 돈으로 더 많은 돈을 번다면 추가로 벌어들인 돈의 가치는 어디서 창출되는 것일까? 투입된 돈보다 벌어들이는 돈이 더 크기 위해서는 잉여 가치(Surplus Value)가 발생해야 하는데, 마르크스가 보기에 자본가들이 잉여 가치를 만드는 방법은 노동자에게 최대한의 일을 시키고 최소의 임금만을 지불하는 것이었다. 즉, 노동력을 헐값에 착취하는 것이다. 이런 착취는 노동자의 노동력을 희생하여 절대적 잉여 가치를 창출한다. 마르크스는 자본가가 자랑하는 높은 마진이야말로 노동자 착취 강도의 지표라고 보았다.

자본가는 자본주의 시스템에서 생산 수단과 노동의 결과물을 온전히 독차지한다. 그들이 자본을 투자해서 산출된 결과물이기 때문이다. 노동자는 상품이 아니라 노동력 자체를 팔기 때문에 거대한 기계의 한 부품에 불과해졌다. 또 기술과 생산 방식의 발전에 따라 기계화를 통해 생산성이 향상되는 과정에서 착취의 강도는 높아지고 자동화 기계는 숙련도를 쌓을 기회를 박탈하여 노동자를 더욱 일회용품으로 전락시킨다. 자본가들의 노동 착취가 일어나고 노동자가 아무리 노력해도 자본주의 시스템의 함정을 벗어날 수 없다. 노동자들이 실제 능력의 대가를 인정받을 수 있는 임금 체제란 존재하지 않기 때문이다. 이러한 자본주의의 특성은 자본가가 번 돈을 다시 투자하는 과정을 반복하며 더 많은 부를 축적하면서 강화되는 반면, 노동자들은 더 궁핍해지게 한다. 심지어 기술이 발전하면서 필요한 노동자 수가 줄어들면 경제가 팽창함에 따라 임금이 상승해도 노동자 집단은 더 가난해진다. 이렇듯 생산 수단도, 기술도 없이 일자리를 구하지 못하는 노동자들을 마르크스는 '산업 예비군(Industrial Reserve Army)'이라고 불렀다. 이들은 자본가들이 필요할 때마다 자유롭게 착취할 수 있는 궁핍한 노동자 무리이며, 자본주의를 지탱하는 축이 된다.

◆ 공산주의 혁명의 토대가 되다

마르크스가《자본론》에서 정립한 공산주의 이론은 20세기 세계 각국에서 전개된 공산주의 혁명의 토대가 된다. 그가《자본론》을 출간한 지 100년이 되지 않아 러시아 제국은 공산주의 혁명으로 몰락했으며, 그의 후계자들은 마르크스의 이론을 받들어 지금껏 존재한 적 없던 새로운 형태의 국가를 만들어냈다.

마르크스는 공산권에서는 국가와 혁명의 토대를 이룩한 성인으로 추앙받는 한편 자본주의를 발전시킨 서방 세계에서는 폭력을 통한 사회 질서의 붕괴를 설파한다며 비판받았다. 그러나 마르크스는 공산주의를 지지한 경제학적 연구 외에도, 계급 갈등 이론 등 사회학적 연구와 철학적 연구 방법론 등 수많은 족적을 남겼다. 이 때문에 소련이 몰락한 21세기에도 인문사회 전공자들은 마르크스를 거치지 않을 수 없게 됐다.

이미 언급했지만 《자본론》이라는 제목으로 발간되는 서적이나 번역본들은 많은 수가 풍부한 해설과 방대한 주석을 포함한다. 아무래도 오래전에 쓰인 책이다 보니 가독성을 높이기 위한 노력이라고 볼 수도 있겠지만, 더 이전에 쓰인 맬서스의 《인구론》에는 그만큼의 주석이 붙지 않는다. 그만큼 《자본론》이 훨씬 더 큰 관심을 받았다는 방증일 것이다.

1991년 소련의 붕괴와 함께 찾아온 공산주의의 몰락으로 마르크스의 《자본론》은 (결과적으로) 잘못된 서적으로 종종 언급된다. 물론 마르크스의 주장과 소련의 실행 사이에는 큰 차이가 있기에 마르크스의 이론 때문에 공산주의 세계 사람들이 정치·경제적으로 고통받은 것은 아니라는 옹호론도 존재한다. 그리고 자본주의가 충분히 숙성한 국가에서 공산주의가 태동할 것이라는 마르크스의 예상과 달리, 자본주의를 경험하지 못한 1917년 차르 치하의 러시아 제국에서 공산주의 혁명이 일어났던 것은 《자본론》으로 설명할 수 없다는 점에서 비판받는다. 그러나 결과적으로 그 주장이 옳고 그름을 떠나 《자본론》은 우리가 사는 세계를 송두리째 바꾸어놓은 책임은 틀림이 없다.

함께 읽으면 좋은 책

- 《공산당 선언》 프리드리히 엥겔스·마르크스, 책세상, 2018
- 《진보와 빈곤》 헨리 조지, 현대지성, 2019

05

앨프리드 마셜
《경제학 원리》
1890

경제학, 철학과 정치학에서
독립하다

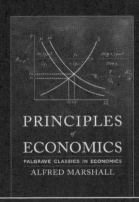

앨프리드 마셜(Alfred Marshall, 1842~1924)

영국의 경제학자. 신고전학파 경제학과 케임브리지 대학 경제학파의 창시자. 경제학에
수학적 방법론을 도입하여 철학과 정치학으로부터 독립할 수 있게 만들었다. 수학을 중
요하게 여겼지만 경제학이란 인간을 중심으로 하는 사회과학임을 강조하면서 케임브리
지 대학 교수 취임사에서 "경제학자는 냉철한 이성을 가져야 한다. 그러나 따뜻한 가슴
을 잊지 말아야 한다"라는 명언을 남겼다.

앨프리드 마셜은 1885년 2월 케임브리지 대학의 경제학 교수로 취임한 후, 경제학을 위한 새로운 학과를 만들기 위해 노력했다. 당시 경제학은 정치학과 철학의 일부로 여겨졌기 때문에 대학에서도 역사와 과학철학 과정으로서 가르쳐졌다. 실제로 마셜 이전의 애덤 스미스, 리카도, 맬서스, 마르크스, 밀과 같이 경제학을 공부한 사람들은 경제학자이자 철학자이며 정치학자였다. 그러다 보니 마셜 이전의 경제학은 밀의《정치경제학 원리》를 교과서로 사용했다.

그런데 마셜은 다른 믿음을 가지고 있었다. 그는 대부분이 사회생활을 하는 데 있어 정치 이슈와 경제 이슈는 별개로 고려한다는 점에 주목했다. 실제로 우리는 가구를 살 때 가구의 적정 가격에 대해 고민하지, 여당의 정책에 대해 고민하지는 않는다. 마셜은 경제학이 정치학도, 철학도 아닌 과학의 일부라고 생각했다. 그는 케임브리지 대학에서 수학과 물리학을 전공했는데, 이러한 배경을 활용하여 경제학에 수학적 방법론을 적용하게 된다.

이에 마셜은 자신의 생각을 반영할 경제학 교과서가 필요했고, 그것이 바로《경제학 원리》다. 마셜은 1881년부터 이 책을 집필하기 시작해서 10여 년에 걸쳐 완성한다. 혼신의 힘으로 집필한 이 책은 사실 마셜이 기획한 두 권의 경제학 도서 중 첫 번째 책으로, 두 번째 책은 무역, 화폐, 과세와 같은 주제를 다루고자 했다. 마셜은 2권 집필을 위해 1908년 교수직에서 사퇴하기까지 하는데, 20년을 작업하고도 결국 완성하지 못한 채 죽음을 맞이했다. 대신 2권에서 다룰 주제의 일부인 《산업과 무역》을 1919년에, 《화폐, 신용과 산업》을 1923년에 출간한다.

마셜은 1903년, 세계 최초로 케임브리지 대학에 독립된 경제학부를 설립한다. 케임브리지 대학 경제학부는 주류 경제학 중에서도 주류로 언급되는 케임브리지학파의 요람이자 거시 경제학이 탄생한 곳으로, 맬서스, 마셜, 아서 피구, 존 메이어드 케인스, 존 힉스 등과 같은 위대한 경제학자들이 몸담았다. 졸업생과 교수진 중 총 19명이 노벨경제학상을 수상했고, 도서관 명칭은 마셜 도서관(Marshall Library), 건물의 명칭은 케인스 빌딩(Keynes' Building)으로 불린다. 아직까지 학문적으로 케인스의 영향이 많이 남아 있는 학교로, 학부 기준 경제학 세계 랭킹 1위에 자주 오르며 한국인으로는 장하준 교수가 몸담고 있다.

◆ ## 냉철한 이성과 뜨거운 가슴을
동시에 가진 경제학 고전

마셜은 경제학의 궁극적인 목표를 빈곤 문제의 해결이라고 정의했다. 실제 그는 대학생 시절 '영국은 세계에서 가장 잘사는 나라인데 왜 가난한 사람들이 이렇게 많은가?'라는 질문의 답을 찾기 위해 실제 빈민가를 방문하며 해결 의식을 갖게 됐다고 한다.

마셜은 빈민 구제라는 목표를 해결하기 위해 경제학에서 이용할 수 있는 분석 도구와 개념들을 도출했다.《경제학 원리》에서 아주 중요하고 심도 있게 다루어지는 '소비자 잉여', '수요 탄력성' 등과 같은 개념이 이에 포함된다. 소비자 잉여란 어떤 상품에 대해 소비자가 최대로 지불해도 좋다고 생각하는 가격(수요 가격)에서 실제 지불하는 가격(시장 가격)을 뺀 차액을 의미하고, 수요 탄력성이란 어떤 재화의 가격 변동 비율에 대해 수요량이 변화하는 비율을 의미한다. 마셜은 이러한 분석 도구와 수학적 방법론을 이용하여 소비자의 가치와 효용에 대해 분석한다.

《경제학 원리》에서는 이러한 소비자 논의를 바탕으로 생산에 대한 논의를 이어간다. 생산을 위한 요소들인 토지와 노동력 그리고 자본(부)에 대한 분석과 산업과 경영 이야기 그리고 수요와 공급을 연결 짓는 일반 균형과 가치에 대한 논의가 진행되고, 마지막으로 재화를 어떻게 분배해야 할 것인가를 고민하며 책은 마무리된다.

이 책은 경제학 그 자체다. 경제학의 본질, 경제 연구 순서와 목표를 시작으로 생산, 소비, 노동, 재화, 소득, 자본 등의 개념을 정의한다. 인간의 욕구와 효용, 수요와 가격을 논의하면서 토지, 노동, 자본과 조직에 대해서도 설명한다. 그리고 이를 바탕으로 수요, 공급, 가격의 관계를 분석하고 국민 소득을 어떻게 분배할지까지 제안한다. 사실상 경제학의 모든 주제와 분석 방법을 다룬 것이다.

《경제학 원리》의 독특한 특징은 '한계성'과 같은 수학적 개념을 활용하여 경제학의 체계를 만들고 분석 방법론을 도출했음에도 불구하고, 내용 자체는 수학을 거의 사용하지 않고 서술돼 있다는 점이다. 마셜이 경제학에 수학적 방법론을 적용하는 것과 경제학을 기술적으로 설명하는 것은 다르다는 철학을 가지고 있었기 때문이다. 그는 수학적 개념이더라도 그 설명은 인간이 이해할 수 있는 쉬운 언어로 돼야 한다는 신념을 가졌다. 결국 경제학은 인간을 연구하는 학문이기 때문이다.

우리가 알고 있는
'경제학'의 시작

《경제학 원리》는 단순한 고전을 넘어 경제학의 기틀을 잡고 미시 경제학의 구조를 형성하는 데 결정적 역할을 했다. 또 지식을 전달하는 데 그치지 않고 마셜의 철학과 사고 구조, 체계가 고스란히 후대에 전해지도록 했다. 그뿐 아니라 경제학에 처음으로 과학적 개념과 기법을 도입했다는 의의도 가진다. 사실상 우리가 현재 알고 있는 경제학은 이 책으로부터 시작했다고 해도 과언이 아니다.

《경제학 원리》 이전의 애덤 스미스나 리카도 같은 경제학자들은 국부의 원천이나 그 분배 문제에 관심을 가졌다. 그러나 마셜은 현대에 정론이 된 경제학의 가장 중요한 문제인 '한정된 자원의 효율적 배분'을 한계 개념을 도입하여 혁신적으로 정립했다.

그밖에도 새로 정립한 이론이 많은데, 한계 효용 법칙과 고전학파의 생산비 이론을 종합하여 '수요와 공급에 의한 균형 가격 결정 이론'도 정립했다. 가격이 변할 때 수요가 얼마나 민감하게 변하는가를 보여주는 '탄력성 개념'을 도출했으며, 다른 모든 조건이 동일하다면 (Ceteris Paribus●) 한 개 요인의 변화가 다른 요인을 어떻게 변화시키는지 분석하는 '부분 균형 분석 이론'도 확립했다.

그뿐 아니라 '내부 경제 효과'와 '외부 경제 효과', '준지대', '소비자 잉여'와 '생산자 잉여' 등의 경제적 개념도 발견했는데, 너무 많은 업적을 이룬 책이다 보니 그 성과를 한 번씩 언급만 해도 내용이 길어질 정도다.

● 경제학의 기본 가정으로 '다른 모든 조건이 동일하다면'이라는 의미의 라틴어.

06

존 메이너드 케인스
《고용, 이자, 화폐의 일반 이론》
1936

정부, 드디어
시장에 개입하다

THE GENERAL THEORY OF
EMPLOYMENT, INTEREST,
AND MONEY

John Maynard Keyne

존 메이너드 케인스(John Maynard Keynes, 1883~1946)

영국의 경제학자. 현대 거시 경제학의 창시자. 1930년대 세계 대공황 기간에 그는 고전 경제학이 설명하지 못하던 현상들을 《고용, 이자, 화폐의 일반 이론》에서 풀어냈다. 케인스의 영향으로 이후 국가 경제에서 정부의 역할이 강조됐으며, 그의 이론을 보강·계승하는 경제학파를 케인스학파라고 한다.

※ 주요 저서: 《평화의 경제적 결과》

《고용, 이자, 화폐의 일반 이론》이 쓰이던 당시에는 공급이 그 자체로 수요를 창출한다는 이론이 대세로 받아들여지고 있었다. 예를 들어 자동차를 생산할 때, 기업은 차를 만드는 데 필요한 철강, 타이어, 유리 등을 구매한다. 또 철강, 타이어, 유리 등을 생산하는 기업도 마찬가지로 이를 만들기 위한 재료를 구매한다. 공급이 곧 수요라는 것은 바로 이런 의미다.

이는 언뜻 봤을 때 당연해 보이지만 사실 커다란 함의를 지닌다. 공급이 곧 수요라면, 공급이 아무리 늘어나도 수요가 부족할 일은 없다는 뜻이다. 간단히 말해, 만들어낸 모든 물건이 다 팔려 나간다는 의미다. 악성 재고에 대한 걱정이 없다면 모든 가게는 가능한 한 생산 역량을 100%로 발휘할 것이다. 마찬가지로 기업은 최대의 산출량을 찍어내기 위해 닥치는 대로 노동자를 고용할 것이며, 노동자들은 일할 의사만 있다면 모두 취업될 것이다. 뉴스에서 실업률을 논할 때 등장하는 '완전 고용'이란 이런 상태를 말한다.

그러나 《고용, 이자, 화폐의 일반 이론》이 쓰인 당시의 현실은 대세로 받아들여지던 이론과 사뭇 달랐다. 대공황이 한참이던 1932년 미국의 실업률은 25%를 육박했다. 네 가정 중 한 가정은 임금 소득이 없었다는 뜻이다. 지금과는 달리 당시에는 맞벌이라는 개념이 희박해서, 가장이 일자리를 못 구하면 온 가족이 굶어야 했다. 이런 고난은 미국뿐 아니라 영국도 마찬가지였다.

케인스는 전 세계적인 불황을 보며 의문을 품었다. 정말로 공급하는 대로 수요가 발생한다면 이 실업률과 경제 불황은 도대체 어떻게 해석해야 한단 말인가? 지금의 세계 경제는 10년 전 제1차 세계대전이 종전된 시기와 비교해서 무역이 급감하지도, 기술이 갑자기 실전되지도 않았다. 커다란 천재지변이나 전쟁으로 공장들이 파괴된것도 아니었다. 즉, 경제의 '생산 역량'은 감소하지 않았다. 그럼에도 '생산량'은 아주 많이 그것도 갑자기 감소해버렸다.

생산 역량이 그대로인데 왜 생산량이 줄었을까? 고전 경제학자들은 튼튼하던 경제가 갑자기 골골대는 이유로 정책을 탓했다. 최저임금제와 노조권의 보장, 무역 규제와 같은 정부 개입이 시장을 왜곡하고 있다는 것이다. 당시 고전 경제학자들은 정부란 반드시 해야 할최소한의 역할만 해야 한다고 생각했고, 경제 현상을 나라 경제 전체의 관점에서 파악하려는 노력을 크게 기울이지 않았다. 또 누구의 간섭도 없이 시장의 경쟁을 통해 자율적으로 경제를 운영할 때 최선의결과가 도출된다고 생각했다.

케인스의 생각은 달랐다. 케인즈는 거시 경제적으로 국가의 역할은 분명히 존재한다고 생각했고, 필요에 따라 국가가 시장에 개입해야 한다고 주장했다. 그렇지만 케인즈는 결코 자유 시장 경제가 틀렸다고 말하려던 것이 아니었다. 오히려 국가의 역할은 자유 시장 경제가 잘 작동할 수 있도록 잠시 균형에서 이탈한 경제를 균형점으로 빠르게 돌아갈 수 있게 도와주는 것이라고 생각했다. 케인즈는 고전 경제학이라는 기존의 지도가 담지 못하는 다른 영역이 있다는 것을 파악했을 뿐이다.

이런 의도는 책의 제목에서 드러난다. 아인슈타인이 1905년 특수 상대성 이론을 먼저 발표하고 10년 후 이를 포괄하는 일반 상대성 이론을 완성한 것처럼, 케인즈는 종래의 고전 경제학(특수 이론)을 포괄하는 더 넓은 케인스주의 경제학(일반 이론)을 완성한 것이다. 그래서 그는 책 제목을 (고전 경제학의) '대체 이론'이 아니라 '일반 이론'이라고 이름 지었다. 고전 경제학을 포괄하는 더 넓은 국가 경제의 지도로서, 종래의 '특수 이론'을 보강하기 위한 것이다.

시장에 대한 방임만으로는 끝없는 대공황을 타계할 수 없으며, 이를 위해 정부가 나서야 한다는 케인스의 주장은 학계에 엄청난 반발을 불러왔다. 학계는 시장이 요동칠 수는 있어도 결국 외부의 개입 없이 스스로 균형을 이룬다는 깊은 믿음을 갖고 있었다. 즉, "장기적으로는 경제가 스스로 회복한다"라는 것이다. 물론 케인스가 말한 정부의 역할이란 시장을 대체하는 것이 아닌 힘을 잃은 시장이 다시 일어설 수 있도록 마중물 역할을 하는 정도였다. 그럼에도 이는 의심의 여지없이 받아들여지던 종래의 패러다임에 대한 도전이었다.

케인스는 학계에 "장기적으로 보면 우리는 모두 죽는다"라는 대답으로 냉소한다. 기약 없는 미래를 기다리느니 행동에 나서야 한다고 말한 것이다.

현대 거시 경제학의
출발점

케인스는 《고용, 이자, 화폐의 일반 이론》에서 시장이 고장 날 가능성을 제기한다. 대공황이란 "경제 주기의 자연스러운 한 부분"이라고 여긴 자유 시장의 불안정함을 비판한 것이 아니었다. 케인스가 제기한 문제는 오히려 경제 불황이 수년간 꼼짝없이 안정적으로 유지되며, 호황으로 돌아올 기미가 보이지 않는다는 것이었다.

이에 케인스는 고전 경제학 논리의 결론이 아닌 전제 조건에 눈을 돌린다. 고전 경제학자들은 시장 경제가 기능하려면 두 가지 조건이 성립해야 한다고 생각했다. 첫째, 임금이 자유롭게 움직일 수 있어야 하고, 둘째 금리가 유연하게 등락해야 한다는 것이다. 이 두 요인이 자유롭게 움직이면서 시장은 최대 역량을 발휘하는 지점, 즉 균형을 향해 움직인다는 논리였다. 그러나 케인스는 두 조건 모두 참이 아닐 수 있는 예외의 경우가 있다는 것을 파악했다.

첫 번째로 그는 임금이 균형을 향해 움직이지 않는 사례를 제시한다. 고전 경제학에 따르면 경기 불황이 닥쳤을 때 기업은 임금을 줄인다. 임금이 내려가면 기업의 이익이 늘고, 이에 고무된 기업은 생산을 늘린다. 이렇게 생산이 늘면 더 많은 노동자를 고용하기 위해 임금을 늘리게 된다. 임금이 늘면 다시 이익이 줄며 생산이 감소한다. 이렇게 진자는 불황과 호황을 왔다 갔다 하며, 한쪽으로 지나치게 치우치면 그 반대 방향으로 당기는 힘도 강해진다. 이처럼 경기는 진동하며, 과도한 침체와 과열을 스스로 방지한다는 것이 기존의 생각이었다.

그러나 케인스는 임금이라는 진자의 추가 "불황에 달라붙는다"라고 지적했다. 불황기에 임금이 충분히 떨어지지 못하면, 진자는 '회복의 메커니즘' 없이 대침체의 방향으로 쏠린다는 것이다. 왜냐하면 명목 임금*은 떨어져도 실질 임금**이 떨어지는 데에는 한계가 있기 때문이다.

노동자는 곧 소비자이기도 하다. 소득이 줄어든 노동자는 지출을 줄일 것이고, 물가는 떨어질 것이다. 낮아진 물가는 곧 기업 이익의 하락으로 이어진다. 이런 과정을 통해, 기업이 지불하는 임금의 액수(명목 임금)는 줄었으나, 소득이 줄어들어 버린 소비자들이 지갑을 열지 않아 기업 재정 또한 악화되면서 기업이 느끼는 임금의 부담은 줄지 않거나 오히려 늘어날 수 있다. 인건비를 절감했는데도 이익이 늘지 않으면 기업가는 설비 투자를 줄인다. 그러면 생산량은 더 줄고, 공장이 폐쇄되며, 일자리는 더 부족해진다. 이처럼 경제는 가만히 두면 균형점을 향해 나아가는 것이 아니라 점점 더 파국으로 치닫는다.

케인스는 두 번째 조건, 즉 금리가 언제나 유연하게 등락해야 한다는 전제도 현실과 맞지 않음을 밝힌다. 고전 경제학에서의 금리도 진자 운동을 한다. 경기가 위축되면 기업들이 돈을 빌리지 않으려 한다. 그러면 쌓인 돈은 많은데 투자처가 없으니 금리, 즉 '돈의 가격'이

● 물가의 상승을 고려하지 않고 그저 현재 돈의 가치를 기준으로 근로자들이 일한 대가로 받는 임금의 가치를 표시한 것. 임금은 일정한데 물가가 오르면 실질 임금은 감소하지만 명목 임금은 변하지 않는다.
●● 물가 상승 효과를 제거한 임금으로, 근로자가 상품을 구입할 수 있는 실질적인 구매력을 의미한다. 일반적으로 명목 임금을 소비자물가지수로 나눈 수치다.

낮아진다. 이때 이자율이 낮아지면 기업들은 마음을 바꿔 투자하려 한다. 다시 투자가 활성화되면 돈의 수요가 늘며 다시 금리는 오르고 진자가 균형점을 향해 되돌아가는 것이 고전 경제학의 논리다.

고전 경제학은 불경기에 금리가 내려가면 기업들이 투자를 늘릴 것이라고 가정한다. 그러나 실제 사람들은 불경기에 투자보다 현금 보유를 선호한다. 이는 2023년 현재도 "현금이 최고"라고 여기는 것과 비슷하다. 물론 이 같은 현금 보유에는 대가가 따른다. 당장 투자하면 얻을 수 있었을 수익이 바로 그 대가(기회비용)다. 고전 경제학자들의 견해에 따르면, 돈의 수요가 줄면 금리도 따라 내려와야 하고, 이는 다시 기업들이 대출을 받아 공장을 확장하게 만들어야 한다. 그런데 금리, 즉 현금 보유의 기회비용이 너무 낮아지면 사람들은 투자하지 않는다. 기업을 위한 투자금으로, 설비 확장과 고용 확대를 촉진해야 할 돈이 그대로 잠들어버리는 것이다. 이것을 '유동성 함정'이라고 부른다. 금리가 아무리 낮아도 투자가 이루어지지 않는다면 진자의 추는 불황을 가리킨 채 멈춘다.

그렇다면 어떻게 해야 할까? 만약 케인스가 고전 경제학의 결함을 비판하는 데 그쳤다면 이 책을 '케인스 혁명의 시작'이라고 평가하지 않았을 것이다. 그는 경제 대공황의 해결책으로 정부가 수요와 투자를 견인해야 한다고 주장했다. 정부가 시장 경제에 개입해야 한다는 주장은 강력한 반대에 직면했지만, 케인스가 보기에 시장은 자기 조정 능력을 상실했다. 시장 경제의 작동을 위해 필요한 것은 바로 '신뢰'였다.

케인스는 시장 참여자들이 시장의 자기 조정 능력을 불신하게 되면, 경기 불황으로 인해 시장이 가진 미래 경기에 대한 기대가 하향 조정돼 이후 더 큰 경기 불황이 올 수 있다는 부정적 기대가 시장에 팽배할 수 있음을 지적한다. 이러한 시장의 미래에 대한 부정적 기대감이 대공황을 불러온 것이라고 생각했다. 그렇기에 정부가 이들에게 희망을 불어넣어야 한다고 주장했다. 수요의 감소를 예견하고 생산량을 줄이려는 기업에 정부가 나서서 "안 팔리면 내가 사주겠다"라고 약속하는 것이다. 정부가 잉여 농산물을 사들이고, 수주가 끊긴 건설 기업들에 대규모 토목 공사를 발주하는 것이다. 그러면 돈줄이 트인 기업들이 다시 고용과 임금을 늘리고, 소득이 는 노동자들은 지갑을 열게 될 것이다. 이처럼 시장 참여자들이 경제 회복에 대한 신뢰를 가져야만 대공황의 늪에서 빠져나올 수 있고, 그제야 비로소 고전 경제학자들이 말한 자유 시장의 진자가 작동할 수 있다는 주장이다.

정부의 도움으로 인해 균형점에서 벗어나 있던 경제가 100% 기량에 근접하는 위치에 도달하면, 비로소 수요와 공급에 의해 시장 경제는 스스로 최선의 상태를 찾아갈 수 있다. 정부는 시장이 균형을 찾아가는 데 도움을 줄 수 있는 것이다. 그가 도전한 것은 "자유 시장 경제가 언제나 100%의 기량을 다 발휘할 수 있다"라고 주장한 고전 경제학자들의 아집이었다. 자유 시장 경제 그 자체를 비판한 것이 아닌 오히려 경제가 자신의 잠재성을 다 펼칠 수 있는 상황을 정부가 제공해야 한다고 말한 것이다.

케인스는 "정부 기능의 확장이야말로 자본주의 전체가 붕괴되는 것을 막는 유일한 현실적 방법이자, 개인의 주도권이 성공적으로 발현되게 하는 조건"이라 말했다. 정부의 역할은 자유 시장과 양립 가능하며, 더 나아가 자본주의를 더 튼튼하게 할 수 있다는 새로운 관점을 제시한 것이다.

◆ ## 경제학을 바꾸어 놓은
케인스 혁명

《고용, 이자, 화폐의 일반 이론》이 출간되기 1년 전인 1935년, 케인스는 친구이자 아일랜드 대문호 조지 버나드 쇼에게 보낸 편지에서 다음과 같이 말했다. "지금 나는 사람들이 경제에 대해 생각하는 방식을 당장은 아니더라도 10년 뒤쯤 완전히 바꿔놓을 이론에 대해 쓰고 있네. 그럴 거라는 근거는 없지만 확신에 차 있어." 그리고 그의 말대로 경제학은 변곡점을 맞았다.

이 책은 학계에서 한 번 그리고 정계에서 한 번 '케인스 혁명'을 불러일으켰다. 대공황기부터 1970년대까지 모든 이론과 교과서는 온통 '케인스주의'였다. 정부 정책은 물론 국민이 정부에 기대하는 역할까지 완전히 바뀌었다.

그가 자유 시장 경제에 끼친 영향도 지대하지만, 역사적으로도 중요한 (그러나 잘 드러나지 않은) 족적을 찍었다. 마르크스주의자들이나 페이비언 사회주의(Fabian Socialism)*로 대표되는 민주사회주의자

● 1884년에 설립된 영국의 페이비언 협회에서 추진한 점진적 사회주의. 혁명적 개혁이 아닌 민주적 수단에 기반한 유기적이고 점진적인 사회 개혁을 주장했다.

들은 대공황을 가리키며 자본주의의 종말이 도래했음을 예견했다. 그러나 케인스는 자유 시장 경제는 완벽하다는 논리를 지적함으로써 정부가 시장에 개입할 여지를 만들었다. 고속도로를 뚫어 도시를 연결하고, 댐을 지어 수해를 막는 등의 확대 재정 정책은 시장 경제를 제 궤도로 돌려보내는 한편 빈민 구제에도 크게 기여했다.

확대된 정부의 기능에 많은 사람이 케인스를 사회주의와 타협한 학자로 오해했지만 그 반대에 가깝다. 마르크스가 필연적이라고 했던 프롤레타리아 혁명 존재의 의의를 케인스가 없앰으로써 '혁명'을 '불필요한 혼란'으로 격하시킨 것이다. 오히려 그는 자본주의가 혁명으로 이어지지 않고 유지될 수 있도록 기여한 일등 공신이다.

케인스 이전의 고전 경제학은 의심받지 않는 공고한 정론으로 여겨졌다. 케인스 역시 앨프리드 마셜과 아서 피구에게서 고전 경제학을 배웠다. 그럼에도 끝이 보이지 않는 경제 대공황은 이러한 패러다임의 붕괴를 가져왔다. 더 이상 이론이 현실을 설명하지 못하게 된 것이다. 이에 해답을 내놓은 것이 케인스였고, 그의 사상은 고전 경제학을 대체하여 확고한 주류가 됐다. 케인스주의가 설명하지 못하는 위기, 1970년대의 스태그플레이션°이 닥칠 때까지는 말이다.

●   경기 불황 중에도 물가가 계속 오르는 현상.

2장

학창 시절에
배웠다면
더 좋았을
경제학 명저

07

존 케네스 갤브레이스
《풍요한 사회》
1958

새로운 세상에는
새로운 경제학이 필요하다

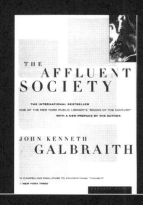

존 케네스 갤브레이스(John Kenneth Galbraith, 1908~)

대표적인 케인스학파 경제학자. UC 버클리 대학에서 경제학 석·박사 학위를 취득했고 이후 하버드 대학과 프린스턴 대학에서 강의하며 다양한 국가 연구 프로젝트를 담당했다. 1937년 케임브리지 대학에서 펠로우십 지원을 받으며 1년간 연구하면서 당시 케인스에게 큰 영향을 받은 것으로 알려져 있다. 프랭클린 D. 루스벨트, 해리 S. 트루먼, 존 F. 케네디, 린든 B. 존슨 등 여러 행정부에서 활동했고, 20세기 미국의 자유주의와 진보주의에 큰 영향을 미쳤다.

※ 주요 저서: 《대폭락 1929》《불확실성의 시대》《경제의 진실》

인간은 각기 다른 생각을 품고 살지만, 사회 구성원으로서는 암묵적 합의를 바탕으로 행동해야 할 때가 더 많다. 이러한 합의는 긴 세월을 거쳐 나름대로 효과적인 상호 방식의 한 형태로 인식되고, '문화'라는 이름으로 불리기도 한다. 외부인이 아니면 우리가 문화라고 부르는 생활 형태에 의문을 갖는 경우는 드물고, 당연하게 받아들인다.

이러한 암묵적 합의는 경제학에도 엄연히 존재한다. 흔히 고전 경제학자라 불리는 애덤 스미스, 리카도, 맬서스 등은 경제 활동과 인간의 상호 작용에 대한 통찰을 내놓았고, 많은 학자가 그 뒤를 이어 학문적 업적을 쌓아 올렸다. 후대 학자들에 의해 논리적으로 견고해진 고전 경제학자들의 견해는 경제학의 경전이 되어, 오늘날 경제학자뿐 아니라 정책 결정자와 일반인의 사고방식에까지 영향을 미쳤다. 갤브레이스는 과거의 학문적 업적이 현재 우리에게 영향을 미치는 사고방식들을 관습적 지혜(Conventional Wisdom)라고 불렀다.

그러나 갤브레이스가 보기에 제2차 세계대전 이후 물질적 풍요를 누리는 미국은 관습적 지혜에 갇혀 인간성을 상실하는 사회로 나아가고 있었다. 고전 경제학에 뿌리를 둔 당대의 경제학은 많이 생산하여 최대한 소비하는 것을 경제 활동의 궁극적 목표로 삼았다. 시대

와 환경이 변화하는데도 생산과 소비의 확대를 중시하는 이론은 수
정되지 않았다. 이렇듯 물질적 풍요에 집착한 미국 경제가 정신적 빈
곤에 대해 전혀 신경 쓰지 않는 상황을 경고하기 위해 갤브레이스가
쓴 책이 바로《풍요한 사회》다.

◆ 물질적 풍요가 감추고 있는
불편한 진실

보편적 지혜의 토대를 마련했던 애덤 스미스, 리카도 그리고 맬서스
가 경제에 관한 이론을 제시하던 시기는 물질적으로 풍요한 사회가
아니었다. 그래서 생산과 분배가 경제학의 핵심적인 주제로 인식됐
다. 즉, 먹고사는 문제가 최우선이던 사회에서 경제학이 처음 태동한
것이다. 그렇기에 당대의 경제학은 경제 효율을 최대로 끌어올려서
물질적 풍요를 달성하는 것을 추구했다.

이런 배경에서 경제학의 핵심 탐구 주제는 '어떻게 하면 경제 전
체가 최대의 물질적 풍요를 누릴 수 있을까?'라는 질문에 답을 내는
것이었다. 이에 고전 경제학은 효과적인 대답을 내놓았다. 스미스가
말한 대로 시장 경제의 보이지 않는 손을 십분 활용하는 것이다. 정부
가 아닌 시장이 자체적으로 소비자와 생산자들의 욕구를 충족시키도
록 해야 한다는 말은 그저 책 속에서만 맞는 말이 아니었다. 실제 국
제 무역과 자유 시장 경제는 19세기 후반부터 20세기 초까지를 '황
금기'라고 일컬어질 정도로 번영케 했다.

하지만 시대가 바뀌면서 세계 경제는 점차 팽창했고, 인류는 물질적 풍요만이 전부가 아닌 시대를 맞이하게 됐다. 기술적 진보와 경제의 팽창 그리고 생산 시설에 대한 충분한 투자로 인해 재화와 서비스를 생산하는 경제 능력이 많이 향상되어, 이제는 소비자들이 원하는 것보다 더 많은 재화와 서비스를 만들어낼 수 있게 된 것이다. 이것이 갤브레이스가 말한 '풍요한 사회'다.

경제 성장은 점진적으로 이루어졌지만, 분명 세상은 바뀌었고 경제학도 다시 거듭나야 했다. 그렇다면 이 '새로운 세상을 위한 새로운 경제학'은 어떤 모습이어야 할까? 갤브레이스는 《풍요한 사회》에서 구체적 예시를 통해 새 경제 이론이 추구해야 할 목표를 제시한다.

기존 경제학은 기업들이 생산량에 비해 부족한 수요를 어떻게든 쥐어 짜내기 위해 소비자의 욕구를 부추기라고 주장한다. 그래서 기업들은 광고에 막대한 비용을 지출하여 고객을 현혹하고, 그 결과 소비자들은 만성적인 과소비에 시달린다. 마치 과식과 비만이 성인병의 원인인 것처럼 말이다. 그렇다면 이를 해결하기 위해 청빈의 미덕이라도 다시 강조해야 하는 걸까?

갤브레이스는 국가 경제의 남아도는 생산 역량을 공공과 정신적 풍요를 위한 방향으로 재배치해야 한다고 말한다. 물질적으로 풍요롭지 못하던 때의 경제학은 이익의 극대화가 중요한 목적이었다. 따라서 돈이 벌리는 방향으로만 (효율적으로) 자원의 배치가 이루어졌다. 이러한 이유로 보건, 교육, 인프라 등 누구나 그 필요성에 공감하지만 수익성 없는 요소들은 늘 공급 부족에 시달렸다. 갤브레이스가 보기에 풍요한 사회에서 정부는 민간의 남아도는 생산 역량을 십분 활용하여 도로, 공원, 교육 등을 충원하는 역할을 해야 했다. 그리고 이런 정부 투자는 다시 경제의 선순환을 불러올 것이라 주장했다.

교육은 개인의 자아실현을 돕는다. 교육을 통해 역량과 인적 자본을 쌓은 개인은 활발한 경제 활동을 벌인다. 개인의 활발한 경제 활동은 시장이 잘 작동하는 데 도움이 된다. 즉, 정부는 교육을 통해 보이지 않는 손의 힘을 더 촉진할 수 있다. 또 사회 안전망과 소득 재분배 정책은 빈민층의 구매력을 확대하여 경제가 성장하는 데 기여하며, 결국 기업들에도 더 큰 이익을 약속한다.

그러나 이러한 정책 전환이 이루어지기란 쉽지 않다. 이는 갤브레이스가 말한 관습적 지혜의 특성 때문이다. 애덤 스미스의 신봉자들은 보이지 않는 손만이 유일한 정답이라고 맹목적으로 주장하며 정부의 개입을 가로막았다. 임금이 오랫동안 생계유지 수준 이하로 떨어질 수 없다고 주장한 리카도의 '임금 생계 이론'을 가리키며, 정책적 노력으로 노동자 계층의 빈곤을 해결할 수 없다고 반박했다. 또 장기적 번영을 위해서는 정부 재정의 수입과 지출의 균형을 맞춰야 한다고 주장했기에 새로운 정책적 시도를 도입하기 어려운 분위기가 형성됐다.

이러한 관습적 지혜가 지속되는 데는 이유가 있다. 안타깝게도 사회 현상은 실험실처럼 완벽히 통제된 환경에서 탐구될 수 없다. 혁신적이면서도 '언제나 옳은' 발견은 사실상 불가능하기 때문에 우리는 세계를 해석하고 설명할 때 자신이 가진 가치관과 편향에 휘둘린다. 경제학도 마찬가지다. 새로운 이론을 받아들이려면 사회 전반의 합의가 필요한데, 이를 도출하는 일은 어렵고 긴 시간이 걸린다. 즉, 모두가 변화에 동의할 만한 엄밀한 논리를 구할 수 없기에 '어제 통한 것이 내일도 통한다'는 관습적 지혜가 오랜 시간 힘을 유지하는 것이다.

융통성이 부족한 이러한 상황에서 갤브레이스는 관습적 지혜를 뚫고 지적 전환을 이뤄내기 위해 비주류 이론에 대한 지원이 필요하다고 주장한다. 비주류 이론은 많은 이에게 정설로 추앙받지는 않더라도, 세상을 바라보는 신선한 시각을 제공할 수 있다는 장점을 가진다. 정부는 학제 간 교류를 지원함으로써 사회 현상을 더 다양한 관점에서 관찰하고, 좀 더 효과적인 대응 체계를 갖출 만한 담론을 만드는데 기여할 수 있다. 이를 위해서는 갤브레이스가 앞서 언급한 것처럼 교육과 연구에 대한 투자 확대가 수반돼야 한다.

갤브레이스는 자신이 내린 접근 방식에 대해 무조건적인 낙관론을 내놓지는 않았다. 교육이 경제에 미치는 모순적 영향에 대해 서술한 것은 특히나 흥미롭다. 민간 경제의 생산 잠재력이 수요를 상회하는 지점에 이르면 기업들은 각종 광고와 프로모션을 통해 소비를 더욱 부추기고, 개인 간 소비 활동에 경쟁 심리를 부추긴다. 이는 생산과 고용을 늘린다는 점에서 긍정적일 수 있지만, 가계 부채를 확대시킨다는 점에서 위험 요소가 존재한다. 특히 경기가 침체되는 국면을 맞이할 경우 소비 확대를 통한 가계 부채 증가는 침체되는 경기를 더 악화시킬 수 있다.

다만 높은 수준의 교육을 받은 사람일수록 1차원적 욕구를 자극하는 광고에 휩쓸리기보다 예술적 심미안과 같은 고차원적 욕망을 선호하며, 소비에 있어서도 더 신중해질 것이다. 또 현대 사회가 복잡한 과학 기술과 전문 지식에 기댄다는 점에서 교육의 역할은 더욱 중요하다. 한편으로 교육의 확대는 양적 성장의 토대를 잠식할 수도 있다는 문제도 가지고 있다.

문제는 교육의 확대를 통해 개개인이 기업의 광고 행위에 영향받지 않고, 더 다양한 선택지를 추구하며, 경제 주체들이 더 이상 이익의 극대화에 얽매이지 않을 때 발생한다. 물질적 욕망을 자극함으로써 지탱할 수 있던 고용, 생산량, 규모의 경제가 훼손되며 경기 침체가 올 수 있기 때문이다. 결국 교육의 확대가 그 재원을 줄이는 아이러니한 결과를 가져올 수 있는 것이다.

◆ 관습적 지혜에 기댄
기존 경제학에 대한 날 선 조언

갤브레이스는 《풍요한 사회》에서 민간 부문의 생산량이 민간 수요를 넘어서는 수준에 도달할 경우, 재고 문제를 해결하기 위해 기업들은 인위적으로 소비자 욕망을 자극하거나 군사적 방법을 동원해 강압적으로 해외 시장에 제품을 팔아넘기려는 동기가 형성될 수 있음을 지적했다. 그리고 이를 방지하기 위해 공공 부문의 지출을 늘리는 것으로 민간 부문의 생산 역량을 활용하면서 국민 삶의 질을 높이는 혼합 경제 체제*가 도입돼야 한다고 주장했다.

● 정부가 독점 금지나 소득 재분배 정책, 나아가 대규모 정부 사업이나 국영 기업 설립 등 경제 활동에 적극적으로 참여하여 시장 경제의 부작용을 억제하고 안정적 성장을 유도하는 경제 체제. 오늘날 대부분 국가가 혼합 경제 체제를 유지하고 있다.

갤브레이스의 주장은 경제학계를 넘어 미국 사회 전반에 강력한 논쟁을 불러일으켰다. 갤브레이스가 주장한 정부 역할의 확대는 자유주의에 기반한 시장 경제의 결점을 지적한 것으로, 개개인이 계획하고 소비하는 권한의 일부를 더 많은 세금의 형태로 정부에 넘기는 것을 의미했다. 실제 1976년 노벨경제학상을 수상한 밀턴 프리드먼은 갤브레이스의 주장에 대해 "소비자의 선택권을 정부가 빼앗아 가는 형태"라고 지적했다.

또 정부의 민간 부문에 대한 재정 지원은 비자발적 실업을 유발할 수 있다는 지적도 제기됐다. 경제학의 근본 가정 중 하나는, 개인이 소득을 얻고 부를 축적하고자 하는 욕망을 실현하는 과정에서 생산에 기여한다는 것이다. 그러나 노동의 대가 없이 주어지는 금전적 지원은 경제 주체에게 잘못된 동기를 부여할 수 있으며, 장기적으로 경기를 퇴행시킬 수 있다는 반박이 이어지기도 했다. 또 갤브레이스의 주장이 실증적 증거를 제시하기보다 기존 경제학의 결함을 지적하며 당파적 견해에 치우쳐져 있다는 비판도 받았다.

하지만 그는 대중에게 풍요한 사회에는 그에 맞는 새로운 경제학이 필요하다는 것을 드러냈다는 점에서 높은 평가를 받았다. 관습적 지혜라는 성벽에 의존한 기존의 경제학이 더 발전할 수 있고, 더 발전해야 함을 복잡한 수식 없이도 효과적으로 설파한 것이다.

08

게리 베커
《인적 자본》
1964

인간을 경제학의
중심에 세우다

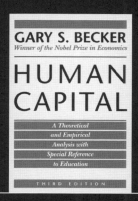

게리 베커(Gary Becker, 1930~2014)

1950년대 후반, 경제학에서는 잘 다루지 않던 인간 행동과 사회 현상에 대한 경제학적 분야를 개척했다. 그는 인간이 비용 대비 효용을 극대화한다는 경제학적 사고를 바탕으로 사회학이나 심리학 등 여타 사회과학의 관심 대상이던 결혼, 출산, 범죄, 중독 행위 등을 설명했다. 이 같은 연구는 사회학, 인구학, 범죄학은 물론 사회 정책에 큰 영향을 미쳤으며, 그 공로를 인정받아 1992년에 노벨경제학상을 수상했다.

게리 베커는 시카고 대학에서 1955년 〈차별의 경제학(The Economics of Discrimination)〉이라는 논문으로 박사 학위를 받았다. 그는 시카고 대학에서 밀턴 프리드먼의 미시 경제학 수업을 통해 학문적 영향을 받았고, 베커는 프리드먼을 "내가 본 가장 훌륭한 선생"이라고 이야기했다.

그는 프리드먼뿐만 아니라 노동경제학자인 그레그 루이스, 농업경제학자이자 노벨상 수상자인 시어도어 슐츠, 법경제학자이자 프리드먼의 매부 에런 디렉터, 프리드먼-새비지 효용 함수로 알려진 수학자 래너드 새비지 등의 영향을 받았다고 한다. 이들의 공통분모는 당연히 프리드먼을 중심으로 한 시카고학파에 속했다는 점이다(그 또한 시카고학파에 속한다).

박사 학위 취득 후 잠시 시카고 대학에서 일하던 베커는 컬럼비아 대학으로 자리를 옮겨 10년 정도 일하다, 1968년 다시 시카고 대학으로 돌아와 평생을 보냈다. 특이한 점은 1983년, 사회학과에서 겸임을 제안받았고 그가 이 제안을 기쁘게 받아들였다는 것이다. 그리고 그는 전통적인 경제학 주제를 확장하여 기존의 사회학에서 다루던 결혼, 출산, 범죄, 중독 행위 등의 주제를 경제학적 사고를 이용하여 분석했다.

베커는 인적 자본 경제학(Human Capital Economics)의 이론적 기초를 확립한 선구자다. 현대의 우리는 "인간의 노동력을 자본화한다"라는 것에 정서적 거부감을 느낄 수는 있으나, 인력이 생산을 위해 투자되는 요인 중 하나라는 것을 받아들인다. 그러나 1950년대 이전에는 이러한 이해가 부족했다. 단적인 예로 당시 노동자들의 임금이 상이한 이유가 단순히 좋거나 나쁜 직업을 가졌기 때문이라고 여겼다.

베커는 여기에 새로운 시각을 더한다. 인적 자본이란 생산을 위해 투입되는 생산 요인이며, 기계나 공장과 같은 다른 생산 요인과 마찬가지로 교육이나 훈련과 같은 개인적 투자를 통해 향상될 수 있다는 것이다. 그러므로 베커의 인적 자본론의 핵심은 인간이 가진 노동력이 단순히 고용되는 사람의 숫자나 쓰이는 시간으로 계산돼서는 안 되며, 고용된 사람이 어떤 수준의 교육이나 훈련을 받았는지에 따라 생산 효율과 그의 소득이 결정된다는 것이다.

베커의 주장에 따르면 교육은 생산성을 높이기 위한 투자이며, 교육으로 인한 노동의 질적 증가가 바로 자본이 된다. 그리고 형성된 노동 자본이 거래되는 노동 시장은 (그의 신자유주의적 시각에 따르면) 민간이 주도하고 고용과 해고가 자유롭도록 유연성이 높아야 한다. 1960년대, 드디어 노동경제학에도 신자유주의의 물결이 일기 시작한 것이다.

인적 자본을 향상시키기 위해 교육과 투자가 필요하다

《인적 자본》은 아쉽게도 국내에 번역 출간되지 않았다. 아마도 노동 경제학 교과서에 이 책의 내용이 이미 포함돼 있기 때문이 아닐까 싶다(참고로 이 책 초판은 NBER[National Bureau of Economic Research, 미국 국가경제연구국] 홈페이지에서 무료로 다운로드 받을 수 있으니 필요한 독자들은 해당 홈페이지에서 이용하기 바란다).

베커는 직업 트레이닝과 학교 교육 같은 인적 자본에 대한 투자가 소득에 미치는 영향과 그 수익률을 분석한다. 1939년과 1949년의 대학 교육의 수익률을 비교하는가 하면 1939년 이전과 이후의 고등학교 교육의 수익률을 실증적으로 비교한다. 이를 통해 나이와 소득 그리고 나이와 부의 관계를 보여준다. 그리고 책의 후반부에서는 경제 전반에 걸친 변화와 후속 연구들에 대해 논의한다. 간단하게 '이론 분석-실증 분석-함의와 후속 연구'의 형식으로 쓰였다고 보면 된다.

이처럼 《인적 자본》은 전형적인 교과서 구성을 가진다. 실제로 이 책은 베커의 수업 자료로부터 만들어졌다. 그러다 보니 본문의 각 장은 주제간 연관성이 있기는 하나 서로 독립적인 구성을 가진다. 책에서 전반적으로 나타나는 분석 패턴은, 이론을 제시하고 짧은 기간 동안 소수의 샘플을 이용하여 기본적인 함의를 도출한 후 같은 맥락의 분석을 더 오랜 기간, 더 많은 샘플을 이용하여 함의를 확장하는 방식이다. 이러한 방식은 학생들의 이해를 돕는 데 최적화됐다고 볼 수 있다.

이 책은 굉장히 많고 창의적인 실증 분석 결과를 제시하지만, 핵심 내용은 간단하다. 인적 자본도 물적 자본과 마찬가지로 투자를 통해 축적할 수 있다는 것이다. 그렇기에 인적 자본을 축적하기 위한 투자 또한 편익 분석을 활용한 의사 결정에 기반한다. 비용 편익 분석이란 특정 투자 또는 프로젝트에 필요한 비용과 그 투자나 프로젝트로 얻을 수 있는 편익의 크기를 비교하여 투자를 진행할지 하지 않을지 결정하는 분석을 의미한다. 《인적 자본》은 이러한 편익 분석이 맞벌이, 사형 제도, 사회 복지, 마약 규제 등에 활용될 수 있음을 보여준다.

예를 들어 맞벌이는 경제적 판단이다. 만약 여성의 임금 수준이 높다면 여성은 아이를 키우는 것보다 일하는 쪽을 선택할 것이다. 맞벌이를 통해 수입이 늘어나면 그만큼 아이에게 투자할 수 있는 자원(돈)이 많아진다. 이는 자녀의 인적 자본을 증가시켜 가계 경제를 확장한다. 즉, 맞벌이와 육아에 대한 의사 결정은 경제적 맥락에서 편익 분석을 활용해 결정될 수 있다.

이런 관점에서 인적 자본에 있어 가장 중요한 것은 교육과 훈련 그리고 가정이다. 가정과 교육은 사실상 떼려야 뗄 수 없는 관계다. 이 두 요소는 인간의 경제적 가치와 그 성장의 기본이기 때문이다. 즉, 인간 노동력의 경제적 품질을 결정하는 핵심 요소가 교육과 가정이기에 가정은 작은 생산 생태계 또는 기업과 비슷한 맥락에서 바라보고 분석할 수 있다. 또 인적 자본을 향상시키기 위해서는 국가도 교육과 훈련에 투자해야 한다고 강조한다. 이에 대한 사례와 실증 근거로 한국과 일본같이 교육열이 높은 아시아 국가의 높은 경제 성장률을 제시한다.

노동 경제학의
새로운 지평을 열다

◆

〈월스트리트 저널〉은《인적 자본》에 대한 다음과 같은 서평을 썼다.

"비판자들은 베커의 사고방식이 인간을 경제 주체로 끌어내린다고 비판한다. 그러나 이는 사실과 다르다. 베커는 인간에게 스스로 최선의 운명을 선택할 힘을 주었다."

《인적 자본》은 오히려 인간을 경제학의 중심에 세웠다. 합리성을 강조하는 경제학에서 인간의 개인적 특성과 선택은 주요 분석 대상이 아니었다. 이러한 부분을 보완하기 위해 행동경제학은 "인간은 합리적이지 않다"라고 주장하며, 합리성에 기반한 전통 경제학에 반기를 들고 인간을 고찰한 것이다. 베커의 이론은 전통 경제학이 다루지 않는 인간이라는 주제를 다룬다는 측면에서는 행동경제학과 일맥상통한다. 그러나 경제학의 합리성을 기반으로 작동하기 때문에 행동경제학과는 결이 다르다. 오히려 이 책은 전통적인 경제학적 사고 안에서 인간을 주요 분석 대상으로 만들었다. 그리고 자신의 주장을 뒷받침할 수많은 실증 근거들을 제시했다는 점에서 그의 시도는 혁신적이었다.

여담이지만 베커는 2008년 9월 한국을 방문해 노동 시장에 대해 다양한 논의를 나눴다. 시카고학파의 중심에 있는 학자답게, 그는 민간 부문이 주도하는 경제 성장의 일자리 창출 효과 제고 방안을 제안했다. 또 비정규직 비중이 매우 높은 한국과 같은 국가에서는 노동 시장의 유연성을 강화하여 비정규직 문제를 해결해야 한다고 주장했다. 해고와 고용을 자유롭게 하여 노동 시장의 유연성을 강화하고 일자리를 적극적으로 알선해 노동 시장의 효율성을 강화한다면 오히려 더 많은 고용이 일어날 것이라고 말했다.

여기서 정부의 역할은 일자리를 창출하고 기업이 직원을 해고하지 못하도록 압력을 넣고 규제하는 것이 아닌 대내외적 사회 안정 도모, 취약 계층 보호를 위한 사회 안전망 제공 그리고 반독점 규제 등 최소한의 규제라고도 조언했다.

《인적 자본》은 노동 경제학의 새 지평을 열었다. 인적 자본 경제학의 이론적 기초를 확립하는 데 커다란 공헌을 했기 때문이다. 또 이론적 기초를 확립하는 데 그치지 않고 실증적인 분석과 근거를 제시했다. 그뿐 아니라 사회학, 인구학, 범죄학과 같은 다른 사회과학들과 경제학 간의 융합적 연구를 촉발한 시발점 중 하나다.

09

우자와 히로후미
《자동차의 사회적 비용》
1974

자본주의 문제에
경제학적 해법을 제시하다

우자와 히로후미(宇沢弘文, 1928~2014)

일본의 대표적인 경제학자로, 도쿄 대학 명예 교수이자 일본학사원 회원. 도시샤 대학 사회적 공통자본 연구센터장. 스탠퍼드 대학에서 그를 발탁한 케네스 애로와 시카고 대학 재직 시절 그의 연구원이던 조지프 스티글리츠, 조지 애컬로프 모두 노벨경제학상을 수상했다. 신고전 경제학을 배운 그도 당대 일본에서 노벨경제학상에 가장 근접한 사람으로 여겨졌으나, 1968년 돌연 일본으로 귀국하여 종래의 경제학이 외면하던 사회 문제를 지적하는 데 몰두했다.

※ 주요 저서: 《사회적 공통자본》 《경제학이 사람을 행복하게 할 수 있을까?》

1960년대, 일본은 제2차 세계대전으로 황폐화된 과거를 뒤로하고 한국 전쟁의 특수와 공업화에 힘입어 엄청난 속도로 경제 성장했다. 일본 경제의 눈부신 성장을 대변하는 것이 일본의 자동차 기업이었다면, 일본인의 부를 상징하는 것은 자동차였다. 자동차는 산업 혁명을 대표하는 문명의 이기이자 어디로든 떠날 수 있음을 상기시키는 자유의 상징이었다.

가정에 자동차가 널리 보급되면서 세상도 변해갔다. 철저히 보행자를 위해 설계된 보도는 이제 아스팔트로 덮여 자동차를 위한 길이 됐고, 깎아지른 건물 벽과 고속으로 종횡무진 하는 자동차들 사이로 사람들은 길가에 붙어 움츠린 채 걸었다. 전후 시대를 살던 일본인에게 이런 급격한 사회 변화는 공포를 자아낼 정도였고, 이를 낯설지 않게 받아들이는 자들은 이미 그 세대에 나고 자란 어린아이들뿐이었다.

미국에서 귀국한 우자와는 이러한 사회를 목격했다. 그는 스물여덟 젊은 나이에 스탠퍼드 대학의 케네스 애로 교수에게 발탁돼 미국으로 건너갔고, 서른여섯이라는 나이에 세계 경제학의 아성이던 시카고 대학의 교수가 됐다. 그런 그가 12년 만에 일본에 귀국해 목격한 것은 더는 사람이 아닌 온전히 자동차를 위한 도시로 변해버린 도쿄였다.

젊은 나이에 탄탄대로를 걸으며 노벨경제학상 후보로 평가받던 우자와는 평생 배운 신고전학파 경제학을 뒤로하고 자유 시장 경제의 결점이 가져온 사회적 문제 해결에 몰두하기로 했다. 그리고 그의 눈을 사로잡은 것이 바로 자동차였다.

그가 보기에 자동차 운전자는 찻값과 연료비 등 시장 경제에서 자신이 부담해야 할 비용만을 지불할 뿐, 주행 중 발생하는 환경 파괴와 소음 공해, 안전 위협과 같은 대가는 전혀 치르지 않고 있었다. 그리고 운전자들이 치르지 않은 비용은 고스란히 사회적 비용이 됐으며, 특히 저소득층과 교통약자들에게 불공평하게 많이 전가됐다.

신고전 경제학을 공부한 우자와는 자유 시장 경제의 결점에 대해 스스로 잘 알고 있었으며, 이 결점이 가장 잘 드러나는 예시가 바로 자동차였다. 그리고 자동차가 시장 경제의 맹점을 이용해 사회적 비용을 만들어내는 것을 고발하기 위해 《자동차의 사회적 비용》을 집필했다.

◆ **'자동차'는 어떻게 우리를
불평등하게 만드는가?**

《자동차의 사회적 비용》은 두께가 얇아 빠르게 읽을 수 있지만 내용은 매우 진지하고 유의미하다. '자동차'라는 상징을 통해 시장 경제의 불평등 구조를 적나라하게 보여주기 때문이다. 그리고 오히려 이 책이 쓰인 1970년대보다 오늘날 더 많은 시사점을 주는 책이라고 볼 수 있다.

자동차가 개인의 삶에 끼치는 영향은 엄청나다. 자동차가 있어 사람들은 더 넓은 생활권을 누리고 다양한 여가 생활을 즐길 수 있게 됐다. 또 운전 자체를 큰 즐거움으로 받아들이는 이도 있다. 이 책에서 우자와는 사람들이 자동차를 구매하고, 운전하는 것이 잘못됐다고 말하지 않는다. 다만 자동차를 운전할 때 발생하는 여러 손실을 운전자가 아닌 사회 전체가 부담하고 있다는 것을 지적한다.

자동차가 야기하는 가장 대표적인 사회적 손실은 환경 오염이다. 당시 자동차는 심각한 수준의 유독 가스를 내뿜었는데, 환경 규제가 미약했기 때문이다. 오염된 도시의 대기는 운전자가 아닌 그 주변 사람들이 대가를 치러야 한다는 점에서 자동차가 일으키는 사회적 비용의 대표적 예시다.

환경 오염보다 더 심각한 손해를 끼치지만 아이러니하게도 사람들이 간과하는 문제가 있는데, 바로 교통사고로 인한 인명 피해다. 우자와는 자신의 경험을 빌려 인명 사고의 심각성을 처음 언급한다. 그가 사는 곳 근처에서 한 초등학생이 차에 치였는데, 아이는 차와 외벽에 끼어 출혈이 심각해 병원에 도착하기 전에 사망했다. 며칠간은 사람들이 사고 자리에 꽃을 두며 추모했지만, 얼마 지나지 않아 그곳에서는 다시 자동차가 난폭하게 경적을 울리며 사람들을 밀어내고 있었다. 당시 일본에서의 연간 교통사고 사망자는 2만 명에 달했으며, 이를 위한 응급 안전망 구축과 보행자 보호 설비의 설치 그리고 보행자가 안전하게 걸을 수 있는 도로 건설은 사회 전체가 부담했다.

마지막으로 두 문제만큼이나 우자와가 강조하려고 했던 점은 바로 자동차로 인한 경제적 불평등이다. 자동차가 늘어날수록 빈부 격차가 커진다는 것이다. 도로를 건설할 때, 도시의 설계자들은 최소한의 비용만을 부담하려고 한다. 그래서 주차장과 도로는 땅값이 낮은 저소득층 거주 구역에 짓게 되고, 이 탓에 사회적 취약 계층의 거주 구역에는 자동차가 고속으로 통과하고, 하늘은 고가도로에 의해 가려진다. 이는 자동차를 소유, 유지하기 힘든 저소득층을 실질적으로 점점 더 곤궁하게 만든다.

우자와는 자동차를 유지하기 위한 비용을 자동차 운전자가 아닌 사회 전체가 치르는 것이 문제라고 지적한다. 그리고 다방면으로 발생하는 자동차의 사회적 비용을 운전자들이 온전히 지불해야 한다고 주장한다.《자동차의 사회적 비용》에서 제시하는 가장 간단한 해법은 운전자들에게 세금을 부과하는 것이다. 문제는 얼마의 세금을 부과해야 공정한가. 결국 자동차의 사회적 비용을 객관적으로 분석해야 세금도 계산할 수 있다는 의미다.

이에 대한 기존 연구들은 비용 편익 분석을 통해 계산했다. 자동차가 발생시키는 사회적 손실을 모두 돈으로 환산하여 측정하는 것이다. 1970년 일본 운수성은 자동차의 사회적 비용을 집계한 연구에서, 교통사고 피해자가 죽거나 다치지 않았다면 평생 벌어들였을 연봉과 사고로 파괴된 재산 손실을 집계했다. 여기에 더해 교통경찰 유지비, 육교 건설비와 같은 안전 투자 금액을 더했다. 마지막으로 자동차가 점점 늘어나고 도로가 혼잡해지면서 생기는 손실도 더했다.

문제는 이러한 측정 기준에 대한 정답이 존재하지 않는다는 것이었다. 운수성의 집계에 반발한 일본 자동차공업협회는 운전자가 보험료의 형태로 사고 비용을 직접 부담하고 있으며, 육교와 어린이 놀이터 건설 비용까지 운전자가 부담하는 것은 터무니없다고 주장했다. 자동차공업협회의 연구 결과에 따르면 자동차의 사회적 비용은 한 대당 7,000엔(약 7만 원)에 불과했다. 게다가 앞선 연구에서 대기 오염에 대한 비용은 집계되지 않았는데, 노무라종합연구소는 이를 포함하면 18만 엔(약 180만 원)이라고 추산했다. 연구자의 집계 기준 혹은 이해관계에 따라서 추산 금액이 극단적으로 오락가락하는 것이다.

그렇다면 어떤 방법을 채택해야 하는가? 우자와는 국가가 물, 공기와 같은 것들은 사유 재산으로 인정하지 않고 공공재로 관리하는 것에서 영감을 얻는다. 그는 도시의 삶에 있어 교통약자들이 인간적인 권리를 보장받을 수 있는 환경을 확보하기 위한 제도 및 설비 투자 비용이 자동차 운전자들이 부담해야 할 응당한 대가라고 주장한다. 따라서 차도와 완전히 분리돼 보행자 안전을 보장하는 보도, 육교 대신 차도가 움푹 파이는 식의 설계 그리고 공해와 위험을 현실적 수준에서 주거 공간과 차단하는 완충 지대의 설치 등의 비용이 자동차 운전자가 부담해야 할 비용이라고 판단한다. 그리고 우자와의 계산에 따르면 이는 자동차 한 대당 1,200만 엔(약 1억 2,000만 원)이다.

우자와는 교통사고 사망자의 생명에 값을 매기려 들고, 교통약자의 불편을 외면하는 종래의 계산 방식을 거부했다. 그에게 자동차가 침해하는 시민적 자유는 돈으로 환산할 수 없는, 응당 보장받아야 할 권리이기 때문이다. 그렇기에 이를 보장하는 방향으로 도시의 풍경이 바뀌어야 하고, 여기에 필요한 재원이야말로 운전자들이 부담해야 할 자동차의 사회적 비용이라고 주장했다.

◆ ## 사회적 문제를
경제학의 영역으로 끌어들이다

1974년 출간된《자동차의 사회적 비용》은 출간 즉시 베스트셀러 반열에 오른다. 비평가들은 우자와에게 극찬을 보냈고, 많은 독자가 그의 책에 감명받았다며 출판사에 서신을 보내왔다. 그러나 시간이 지나면서 자동차공업협회 혹은 이와 연결된 정치인이나 학자들이 반론을 제기했다. 우자와는 자동차 산업의 지원을 받는 성장 만능주의적 학자들에게 원색적인 비난에 시달렸으며, 익명의 살해 협박에 주거지를 옮기기도 했다.

그럼에도 불구하고 일본의 사회 정책은 서서히 진전을 보여, 자동차 환경 규제가 강화됐으며 도로는 보행자 친화적인 방향으로 정비돼 갔다. 오늘날 일본은 660cc 이하의 경차가 널리 보급돼 점유율이 40%에 달한다. 자동차에 높은 세금이 부과되고, 도로 역시 자동차만을 위해 무지막지한 폭으로 만들어지지 않는다. 교통 혼잡을 완화하기 위해 도로를 넓히면 그만큼 차가 늘어나며, 자동차의 사회적 비용이 늘어난다는 점을 고려한 것이다. 이처럼 우리나라에 비하면 일본은 자동차의 사회적 비용이 운전자에게 잘 부담되고 있는 상황이다.

이 책은 자동차라는 상징을 통해 자본주의가 낳을 수 있는 다양한 사회적 문제들에 대해 경제학적인 해법을 내놓을 필요가 있음을 알려준다. 우자와는 대기, 하천, 땅과 같은 '자연환경', 도로, 전력망과 같은 '사회 인프라', 의료, 교육, 금융과 같은 제도 자본인 '사회적 공통자본'의 역할을 강조한다. 그리고 자동차라는 매개체를 통해 우자와는 사회적 자본이 제공하는 서비스는 모든 이의 생활에 필수적일 뿐만 아니라 희소성으로 인한 혼잡 현상을 일으키기 때문에 절대로 시장 경쟁에 맡겨서는 안 된다고 주장한다. 이 책의 결론 부분은 이후 2000년에 출간된 우자와의 또 다른 명저《사회적 공통자본》의 핵심 주장을 구성한다.

함께 읽으면 좋은 책

- 《사회적 공통자본》 우자와 히로후미, 필맥, 2008
- 《저녁 식탁에서 지구를 생각하다》 제시카 판조, 사람in, 2021

10

조지프 스티글리츠
《세계화와 그 불만》
2002

세계화를 작동시키는
배후에는 무엇이 있는가?

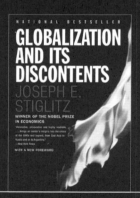

조지프 스티글리츠(Joseph Stiglitz, 1943~)

미국의 경제학자. 정보의 비대칭이 시장에 미치는 영향에 대해 연구한 바를 인정받아 2001년 노벨경제학상을 수상했다. 미국 클린턴 행정부에서 경제 정책을 자문했으며, 세계은행(IBRD)의 부총재를 역임했다. 스티글리츠는 이 경험을 살려 실용보다는 이념에 치중한 국제 금융 기구의 경제 정책을 비판했다.

※ 주요 저서: 《인간의 얼굴을 한 세계화》《불평등의 대가》《창조적 학습사회》

제2차 세계대전 이후 세계 각국은 미국을 중심으로 긴밀한 경제 협력 관계를 구축하기 위해 노력했다. 국가 간의 경제적 연결 고리가 전 지구적인 평화와 번영을 가져다줄 것이라는 믿음이 있었기 때문이다. 이에 1944년 다양한 국제 협력 기구가 창설됐고, 거기에는 IMF(국제통화기금)와 세계은행 그리고 GATT(General Agreement on Tariffs and Trade)●가 있었다. 국제법상 임시 협정이던 GATT는 1995년 세계무역기구인 WTO로 거듭나며 세계적인 무역 자유화 확대와 공정한 국제 무역 질서 확립을 목표로 했다.

　이 기구들의 창설 배경에는 다소 차이가 있을지라도, 공통적으로는 경제적 세계화를 진흥하는 목적을 가졌다. 예를 들어 IMF는 일시적 경제 위기에 처했거나 경제 성장을 위해 자금이 필요한 나라에 돈을 빌려주는 목적을 가졌다. 세계은행은 지구촌 빈곤을 퇴치하려는 목적이 있었다. GATT는 자유 무역을 통해 세계 번영을 증진하는 임

●　관세 및 무역에 관한 일반 협정. 관세 장벽과 수출입 제한을 제거하고, 국제 무역과 물자 교류를 증진시키기 위해 1947년 제네바에서 미국을 비롯한 23개국이 조인한 국제적 무역 협정. 제네바 관세 협정이라고도 한다.

무를 가지고 있었다.

평화와 번영을 위한 전 지구적인 경제적 협력 관계 구축이라는 패러다임 아래, 세계 각국의 경제는 이후 30여 년 동안 빠르게 통합돼갔다. 그리고 1980년대, 세계에는 신자유주의 열풍이 일게 된다. 정부의 개입을 제한하는 한편 자원의 배분을 시장에 맡겨야 한다는 사상이 정치, 경제계에서 주류가 된 것이다. 곧 '자유방임주의', '낙수효과'가 경제 정책의 키워드로 떠올랐다.

이러한 시류에 맞추어, 1989년 IMF는 '워싱턴 컨센서스'를 채택한다. 이는 세계은행, IMF 그리고 미국 재무부가 고안한 신자유주의 정책이었다. 당시 남미 여러 국가는 방만한 재정과 지나친 정부 지출로 인해 초인플레이션에 허덕였다. 워싱턴 컨센서스는 이런 남미 국가들을 구제하기 위한 방책이었다. 실제 이 정책은 경제 위기에 빠진 남미 국가들에 효과적인 것처럼 보였다. 문제는 남미 국가들을 위해 만들어진 워싱턴 컨센서스가 이후 단순한 정책을 넘어 하나의 교리가 되었다는 점이다. IMF와 세계은행은 남미와는 사정이 다른 세계의 여러 개발도상국에도 이 정책을 천편일률적으로 강권했다.

이렇게 세계 경제 대통합과 신자유주의가 국제 경제 질서의 주류를 이루던 시대적 배경 속에서, 스티글리츠는 미국 정부와 세계은행의 경제 정책을 자문했다. 그는 세계 각국을 시찰하며 워싱턴 컨센서스에 의거한 국제 금융 기구의 천편일률적인 경제 정책이 어떤 악영향을 끼치는지 직접 눈으로 볼 수 있었다.

한 예로 그는 세계은행의 자문으로서 모로코에 갔는데, 당시 정부는 농촌에 병아리를 나눠주었다. 농촌 여성들은 병아리를 싼값에 사다 키워서 시장에 팔아 생계에 보탰다. 이는 농민의 직능을 살리면서도 빈농을 구제하는 정책이었다. 이를 인지한 세계은행은 병아리를 나눠주는 정책을 중지시켰다. 시장이 알아서 병아리를 공급할 거라 판단한 것이다. 그런데 정책이 중지되자 농촌 여성들이 병아리를 키워 자활하는 풍경은 즉시 사라졌다. 애초에 시장이 하지 못한 역할을 정부가 대신하던 것임을 세계은행이 간과한 것이다. 현지 정책, 문화 및 산업 요건을 고려하지도 않고 내린 정책 결정은 오히려 역효과를 냈다.

더불어 스티글리츠는 대한민국이나 태국, 러시아가 국제 금융 기구의 실책으로 불필요한 경제적 고난을 겪는 것을 지켜보았다. 국제 금융 기구가 순서, 시기, 강도를 고려하지 않고 펼친 냉혹한 시장 만능주의 정책이 초래한 가장 큰 실책은 바로 사회 질서의 붕괴였다. 갑작스러운 충격 요법으로 경제가 제 기능을 멈추면서, 사회 질서와 평화가 깨지고 수많은 사람이 고통스러운 시기를 보냈던 것이다.

스티글리츠는 세계화가 지구촌 모두를 번영하게 해줄 강한 잠재력을 지니고 있다고 믿었다. 그러나 이를 실현하기 위해서는 먼저 세계화 정책의 문제점들을 진단해야 했다. 이를 위해 그는 미국 경제 자문이자 세계은행 부총재였던 자신의 경험을 살려 이 책을 출간했다.

이 책의 제목인 《세계화와 그 불만(Globalization and Its Discontents)》은 사실 정신분석학자 프로이트의 《문명 속의 불만(Civilization and Its Discontents)》의 재치 있는 오마주다. 프로이트가 문명의 혜택에도 불구하고 인간이 더욱 불행해졌다고 지적한 것처럼, 스티글리츠는 세계화의 번영에도 불구하고 빈곤과 불평등의 골은 깊어졌음을 비판한다. 단, 비관적이던 프로이트와 달리 스티글리츠는 밝은 전망과 함께 해결책을 제시한다. 제도적 개혁을 실천한다면 모두가 세계화의 결실을 누릴 수 있다는 메시지를 책 속에 담은 것이다.

◆ ## 노벨경제학상 수상자이자 전 세계은행 부총재의 세계화 비판

《세계화와 그 불만》은 총 2부, 13장으로 구성됐다. 각 장의 제목만 봐도 내용이 예상될 정도로 쉽게 잘 쓰인 책이다. 특히 이 책에서 느껴지는 스티글리츠의 비판적이고 다소 냉소적인 어조는 책을 읽는 내내 지루해지지 않고 집중할 수 있도록 돕는다. 국내 번역본의 서평 초반부가 이 책의 내용을 잘 소개하고 있어 그 내용 일부를 공유한다.

"세계화를 작동시키는 배후에는 무엇이 있는가. 그리고 이를 지배하는 자는 누구인가. 출간 당시 선진국, 특히 미국 중심의 세계화와 IMF, 세계은행, WTO 등 국제기구 뒤에 숨어 있는 권력들을 신랄하게 비판하며 충격과 도발적인 담론을 제시했던 세계적인 베스트셀러 《세계화와 그 불만》은 트럼프 정권 출범 이후 국제기구의 방향, 한국을 비롯한 동북아의 달라진 위상, 브렉시트, 중국과 미국의 첨예한 대립 등 달라진 국제 정세를 반영하여 한층 발전된 시각과 방향을 제시한다. 또 세계화가 이루어지는 과정에서 IMF, 세계은행, WTO와 같은 국제기구들이 어떤 역할을 했는지, 그리고 앞으로

어떻게 변화돼야 하는지를 정치적인 양심과 건전한 상식을 가진 경제학자의 시선으로 설득력 있게 다룬다."

'세계화의 실패작들'이라는 제목이 붙은 1장에서는 세계화의 긍정적 측면이 있음에도 불구하고, 약속했던 세계인의 번영이라는 목표 달성에는 한참 못 미쳤다는 사실을 밝힌다. 스티글리츠는 세계화의 실망스러운 성적표의 원인으로 IMF, 세계은행과 WTO를 지적한다. 워싱턴 컨센서스에 대한 집착이 실패를 불러왔다는 것이다.

2장인 '세계화의 다양한 차원들'과 3장 '새로운 보호 무역 주의'에서는 세계화를 촉진해야 할 기관이 어떻게 세계화에 대한 반발을 불러일으켰는지 설명한다. 첫 번째 이유는 IMF가 정작 도와야 할 국가들은 외면했다는 것이다. IMF의 사명은 경제 위기를 겪고 있거나 전환점에 선 나라가 성공적으로 반등할 수 있도록 돈을 빌려주는 것이다. 그런데 IMF는 1997년 에티오피아의 자금 요청을 거절했다. 에티오피아가 돈을 빌리는 조건으로 초강력 긴축 정책을 펼치는 것에 거부했기 때문이었다. 이상한 점은 당시 에티오피아의 인플레이션은 더할 나위 없이 건강했다는 점이다. IMF의 초강력 긴축 정책은 초인플레이션으로 고통받던 아르헨티나 같은 나라에나 적합한 것이었다. 그러나 IMF는 한술 더 떠 금융 시장을 외국 자본에 개방할 것을 고집했다. 이는 이미 가난한 절대다수의 국민을 절대 빈곤으로 몰아넣을 위험이 있었다.

유능했던 에티오피아 정부는 IMF의 자금 지원을 거절했다. 그러나 IMF가 에티오피아에 대출 부적격 판정을 내리자 수많은 금융 기관이 이를 따랐고, 에티오피아는 고난 끝에야 지원을 확보할 수 있었다. 결과적으로 IMF는 잠재성 높은 국가에 자금을 지원하는 대신 오히려 이를 방해했다.

두 번째 이유는 국제 금융 기구가 개발도상국의 특성을 고려하지 않은 천편일률적 정책만 언제나 강요한다는 것이다. IMF와 세계은행은 해당 국가의 정치 문화적 특성과 산업 요건을 무시한 채 언제나 극단적인 기준 금리 인상, 재정 삭감, 그리고 무조건적 시장 개방과 민영화를 요구한다. 한 예로 IMF는 코트디부아르의 통신 산업을 아무런 규제나 정책 기구의 설립 없이 즉시 민영화해버렸다. 독점을 달성한 통신사는 즉시 가격을 폭등시켰고, 국민에게 인터넷과 전화는 꿈속의 사치가 돼버렸다. 이 외에 낙수 효과를 맹신하며 실시한 사회 안전망 전면 철폐와 강력한 구조 조정은 물가와 실업률을 폭등시키고, 절대다수의 국민을 빈곤으로 몰아넣었다.

마지막으로 WTO는 기울어진 운동장을 강요하면서 개발도상국이 국제 시장에서 경쟁할 가능성을 없애버렸다. IMF는 구제 금융의 조건으로 WTO의 자유 무역 원칙에 따를 것을 요구하는데, 이때 개발도상국의 영세 사업자들은 선진국의 대기업과 경쟁해야 한다. 이것이 특히 두드러지는 분야가 농업이다. 선진국의 농업 기업들은 매우 낮은 마진 혹은 아예 적자를 보며 농산물을 판매한다. 이는 정부의 보조금으로 손실을 메울 수 있기 때문이다. 반면 개발도상국 농민들은 보조금이나 관세 장벽의 보호를 받지 못하고 도산할 수밖에 없고, 1차 산업이 경제의 대부분을 차지하는 나라에서 농수산업이 몰락하면 국민의 생활 수준은 비참해질 수밖에 없다.

5장에서 13장까지에서는 앞서 설명한 IMF와 WTO의 실책을 더 적나라하게 보여주기 위해, 1990년대 말 동아시아 경제 위기와 같은 시기 러시아의 '잃어버린 10년'을 구체적으로 분석한다. 이러한 분석을 바탕으로 스티글리츠는 시장 만능주의적인 IMF의 정책 방향이 체제 전환기에 있거나 위기에 빠진 나라의 경제를 구원하는 데 전혀 도움이 되지 못한다고 주장한다.

그럼에도 불구하고 똑같은 정책이 계속 반복되는 이유에 대해 스티글리츠는 IMF의 속내가 겉보기와 다르기 때문이라고 말한다. 스티글리츠는 IMF의 행동이 세계 경제가 아닌 '세계 금융권'을 위한 것으로 보았다. IMF는 경제를 파탄시키더라도 긴축을 유도하고, 지원받은 국가가 빚을 탕감받으려는 시도를 저지한다. 이는 서구 은행들이 돈을 잃는 것을 막기 위해서다. IMF는 서구 은행에 빚진 나라들에 구제 금융을 제공하면서, 언제나 서구 은행에 진 빚을 갚겠다는 약속을 최우선 순위로 받아냈다. IMF의 돈은 국가 경제의 근본적인 문제를 해결하는 대신 조심성 없이 위험한 대출을 해준 서구 은행들을 구출하는 데 사용됐다. 이는 결국 채무 국가가 위기 극복 없이 더 많은 빚만 끌어안는 결과로 이어졌다.

그는 국제 금융 기구가 제 역할을 다 하지 못한 탓에, 세계화 혜택이 선진국들에만 돌아갔다고 말한다. 따라서 세계화로 인한 번영이 지구촌 모두에 미치기 위해서는 IMF를 비롯한 국제 금융 기구가 즉시 개혁돼야 한다는 것이다. 먼저 선진국들에 의해서만 이루어지던 국제 금융 기구의 정책 수립에 개발도상국 대변인들도 참여해야 한다. 정책에 의해 개발도상국의 운명이 결정되기 때문이다. 그다음으로 정책 방향이 변경돼야 한다. 스티글리츠는 IMF의 강경 긴축 정책이 계속 실패한 만큼 좀 더 현지 상황에 적합한 유연한 정책 기조가 받아들여져야 한다고 말한다. 마지막으로 스티글리츠는 이기적이고 강경한 세계화 대신 개발도상국의 주권을 존중하고 모두의 번영을 위하는 '인간의 얼굴을 한 세계화'가 이념으로 확립될 것을 강조한다.

◆ ## 인간의 얼굴을 한
세계화를 향하여

세계화의 민낯과 국제 금융 기구가 제3세계에 초래한 참상을 스티글리츠가 지적하기 이전에도, 이미 반세계화 움직임은 전 지구적으로 일어나고 있었다. 세계는 IMF의 시장 근본주의적 정책이 가져온 빈곤과 사회 질서의 붕괴를 목도했으며, WTO의 자유 무역이 개발도상국의 농촌 경제를 황폐화하는 동시에 자국 산업 육성의 기회를 박탈하는 것에 대한 비판을 제기했다.

국제 금융 기구의 실책에 대한 비난의 목소리는 단지 제3세계에만 국한된 현상은 아니었다. '시애틀의 전투(Battle in Seattle)'라고 불리는 1999년 시애틀 WTO 반대 시위는 선진국들이 개발도상국을 영원히 후진국 위치에 머물도록 하는 것에 대한 비판에서 촉발됐다. 이 시위를 계기로 '반세계화'라는 용어가 정립됐고, 세계화의 참상에 무지하던 선진국들의 문제를 고발하기도 했다.

서구 세계를 포함하여 반세계화 움직임이 탄력을 받는 상황에서 스티글리츠는 반세계화가 아닌 인간의 얼굴을 한 더 나은 세계화를 제안했다. 순서와 시기, 속도를 무시한 막무가내식 긴축 정책과 시장 개방 대신 개발도상국이 자신의 운명에 주권을 행사할 수 있는 세계화 방식을 제시한 것이다. 스티글리츠는 이 책에서 국제 금융 기구가 세계인의 번영을 위해 제 역할을 다 하려면 조직적인 개혁이 필요하다고 말했고, 이는 IMF, 세계은행, WTO의 역할에 대한 새로운 담론을 열었다.

이후 출간된 스티글리츠의 저서 《인간의 얼굴을 한 세계화》는 35개 언어로 번역돼 전 세계에서 순식간에 100만 부 넘게 팔려나갔다. 재미있는 점은 1997년 동아시아 위기로부터 천문학적 수익을 올리며 위기를 심화시켰다고 평가받는 거물 펀드 매니저 조지 소로스가 이 책을 "모두가 반드시 읽어야 할 책"이라고 극찬했다는 점이다.

스티글리츠는 《세계화와 그 불만》 이후에도 '포스트 워싱턴 컨센서스'를 주장하며, 경제 개발에 있어 정부 역할을 배제해서는 안 된다고 주장했다. 똑같이 공산주의에서 자본주의로 이행했지만 러시아와 달리 성공적인 결과를 낸 중국과 폴란드 등의 사례는 그의 주장을 뒷받침했다. 그의 정책 제안은 많은 제3세계 국가의 개발 계획에 참조됐고, 〈타임〉은 2011년 그를 '세계에서 가장 영향력 있는 100인'으로 꼽기도 했다.

11

스티븐 레빗·스티븐 더브너
《괴짜 경제학》
2005

대중과 멀어지는
경제학에 던져진 숙제

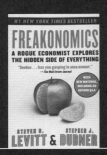

스티븐 레빗(Steven Levitt, 1967~)

미국의 경제학자. 범죄가 사회에 미치는 영향에 대한 연구 공로를 인정받아 전도유망한 젊은 경제학자에게 수여하는 존 베이츠 클라크 메달을 수상했다. 2006년 〈타임〉 선정 '세상을 빛어내는 100인'으로 선정됐으며, 2011년에는 경제학 교수들이 뽑은 '60살 미만의 최고의 경제학자' 순위 4위에도 뽑혔다.

스티븐 더브너(Stephen Dubner, 1963~)

〈뉴욕 타임스〉, 〈타임〉 등에 수많은 글을 기고한 저널리스트이자 베스트셀러 작가. 《괴짜 경제학》으로 퀼 출판상(Quill Award)을 받았다. 컬럼비아 대학에서 석사 학위를 받았고, 동 대학에서 학생들을 가르쳤으며, 〈뉴욕 타임스〉에서 근무했다.

※ 주요 저서: 《슈퍼 괴짜 경제학》《세상물정의 경제학》

'경제학'이라고 하면 무엇이 떠오르는가? 보통 국가의 재정 정책, 기준 금리, 자유 무역 협정과 같은 뉴스에 나올 법한 주제를 떠올리기 쉽다. 사실 경제학을 배운 사람도 마찬가지다. 우리 사회의 수많은 개인과 조직이 내리는 행동들이 경제학적 프레임워크(어떤 일에 대한 판단이나 결정 따위를 위한 틀)로 해석 가능하다는 것을 배우면서도, 이는 이론 속 수학 공식이나 법칙, 전문 용어로 남기 쉽다. 경제학은 당장의 의사 결정에 큰 영향을 끼치는 현실적인 학문임을 자처하면서도, 연구 논문 속이 아닌 현실 사회에 살아가는 사람들에게는 괴리감을 느끼게 한다.

이에 스티븐 레빗과 스티븐 더브너는 《괴짜 경제학》을 통해 수학 공식과 법칙이 아닌, 이야기로서의 경제학을 보여준다. 책에 소개되는 일화들은 희소한 자원의 가장 효율적인 배분 방법을 탐구하는 경제학과는 거리가 멀어 보이고, 오히려 사회학에 더 가깝다고 느낄 수도 있다. 이 책은 마약을 밀매하는 갱, 교수들과 부동산 중개업자 등의 행동을 경제학적인 관점에서 재해석하면서, 순전히 경제 교과서 속 이론으로만 존재했던 원리들이 어떻게 현실 세계에서 적용되는지 이야기한다.

'경제적 인센티브', '정보의 비대칭성', '합리적 선택'과 같은 경제학의 기본 개념을 배우기 위해 경제학 강의를 들을 필요는 없다. 인터넷에 검색하면 굳이 수학이나 복잡한 논리 없이 충분히 이해할 수 있기 때문이다(물론 기본 개념에 대한 이야기다. 경제학자들이란 이미 충분히 명확하다고 여겨지는 것들에 대해 일말의 애매함도 남기지 않고 숫자로 풀어내려는 강박이 있어서, 개념 하나를 붙잡고 평생 탐구하는 이들도 있다). 그러나 기본 개념을 배웠다고 해서 그것을 '이해했다'고 말할 수 있을까? 레빗과 더브너는《괴짜 경제학》을 통해 책에서 배운 내용이 어떻게 현실에 적용되는지 설명함으로써, 개념으로만 알던 이론을 진정으로 이해시킨다.

◆ ## 세상의 이면을
경제학으로 들여다보다

언뜻 보면《괴짜 경제학》은 공통적인 테마가 없는 이야기들을 경제학자의 시선에서 써 내려간 책이라고 느낄 수 있다. 그러나 책 속 이야기들은 느슨하게 에둘러 한 가지 결론을 말한다. 인간 사회에는 경제학이 깊이 파고들어 있다. 그럼에도 불구하고 사람들은 검증되지 않은 사회적 통념을 당연하게 받아들이지만, 이를 계량적으로 분석하면 명료한 해설을 찾아낼 수 있다는 것이다.

이 책은 재미있다. 그런데 이렇게 재미있는 책을 더 재미있게 읽는 방법이 있다. 먼저 사람들이 당연하다고 받아들이는 사회 현상들이 사실은 커다란 오해라는 것을 염두에 두면서 읽는다. 그다음 각 챕터를 관통하는 경제학 개념을 이해한다. 이 책은 여섯 챕터로 나뉘어 있지만, 이를 핵심 경제학 개념으로 요약하면 '경제적 인센티브', '정보의 비대칭성', '행동 편향과 비합리적 의사 결정'으로 정리할 수 있다. 《괴짜 경제학》은 이 세 가지 주제를 중심으로 인간의 행동을 경제학적 관점에서 설명한다.

'경제적 인센티브'란 사람들이 자신에게 이익이 되는 쪽으로 움직이고, 손해는 피하려고 한다는 당연한 논리다. 저자들이 말하고자 하는 바는, 가치 판단을 걷어내면 사람의 행동은 결국 이해관계에 달려 있다는 것이다. 그리고 그 예로 부정행위를 든다.

사람들은 자신의 행동을 결정할 때 도덕적으로 판단한다고 믿으며, 부정행위는 나쁜 사람들이 저지르는 일이라고 생각한다. 그러나 레빗과 더브너는 시카고 대학에서 학생이 아닌 교수들이 부정행위를 저지르는 사례를 소개한다. 교수들이 해고당하지 않기 위해 학업 성취도가 낮은 학생들의 시험지를 우수 답안으로 바꿔치기한 예가 그것이다.

게다가 행동을 결정하는 인센티브가 굳이 경제적이지 않을 수도 있다고 말한다. 한 어린이집에서 아이를 늦게 데리러 오는 부모들에게 소정의 벌금을 부과하자, 부모들의 지각은 오히려 두 배로 뛰었다. 벌금이 죄책감에 대한 면죄부가 돼버린 것이다. 이처럼 사람의 행동은 도덕적 가치 판단과 관계없이 다양한 종류의 이해관계에 의해 결정된다. 달리 말하면 얻을 게 충분히 많으면 누구나 부정을 저지른다는 것이다.

두 번째 주제는 '정보의 비대칭성'이다. 정보의 비대칭이란 사람들이 접하는 정보가 다르다는 의미다. 레빗과 더브너는 정보의 비대칭성이 생활 권력에 끼치는 영향을 밝히면서 "아는 게 힘이다"라는 말이 진실임을 보여준다.

1920년대 800만 명의 회원을 거느렸던 미국 KKK(백인 우월주의를 내세우는 폭력 조직)는 흑인들을 기습적으로 마녀사냥하여 살해하는 방식으로 공포를 조장해 그들의 투표 참여와 인권 운동을 막았다. 그러나 내부 고발자가 등장하면서 상황이 급변했다. 비밀 결사의 암호와 조직원 착취 방식이 폭로되고, 잔인한 범죄 이력과 동시에 한심한 실상이 드러나자 KKK의 가장 큰 권력이던 비밀주의와 공포심이 파괴된 것이다.

《괴짜 경제학》은 정보 우위를 잃어버린 KKK의 몰락과 같은 커다란 사회 현상만을 설명하는 데 그치지 않고, 일상생활 속에서 더 많이 알고 있는 사람이 더 많은 이익을 누리는 상황도 설명한다. 그 예가 부동산 중개업자다. 부동산 중개업자의 업무를 간추리면, 최대한 낮은 가격에 집을 사서 최대한 비싸게 파는 것이다. 이를 위해 중개업자들은 주택 구매자들에게 집의 하자를 감추고, 미사여구로 포장한다. 중개업자뿐 아니라 변호사, 의사 등 상대방보다 더 많은 것을 알고 있는 사람들은 이 우위를 이용해 더 많은 이익을 누린다.

세 번째 주제는 '행동 편향과 비합리적 의사 결정'이다. 우리는 주어진 정보를 바탕으로 언제나 이성적인 결정을 내린다고 믿는다. 그러나 실제로는 잘못된 사회 통념에 휩쓸리곤 하며, 이성적인 판단을 하려 해도 상황을 제대로 파악하지 못하는 경우가 많다.

1980년대 미국은 전염병처럼 번지는 마약 중독에 신음했다. 사회적으로는 갱단 마약 딜러들이 떼돈을 번다는 인식이 강했다. 그러나 연구 관찰 결과 실제로 연 10만 달러(약 1억 원) 이상을 버는 사람들 극소수였으며, 대부분의 마약상은 최저 시급 수준의 돈을 벌 뿐이었다.

충격적이었던 것은 마약 비즈니스에 뛰어든 이들 네 명 중 하나는 거리에서 죽는다는 통계였다. 그런 위험을 알고 있으면서도 사람들은 기꺼이 마약 거래에 뛰어들었다. 그 이유는 '피라미드의 꼭대기'에 내가 오를 수 있을 것이라는 기대 때문이었다. 즉, 사람들은 희박한 대박을 위해 성공 확률이 낮고 죽을 위험은 높은 도박에 베팅하고 있던 것이다. 최근 큰돈을 벌 수 있을 거라고 생각하며 뛰어든 코인 투자로 수많은 사람이 돈과 인생을 잃는 것도 이와 다르지 않게 느껴졌다.

두 저자의 주장을 어렵게 말하자면 "사람들의 행동은 편향돼 있으며, 합리적인 의사 결정을 내리기에 정보는 한정돼 있다"라는 것이다. 쉽게 말해, 인간은 감정적인 동물이며 생각보다 주변 환경을 통제하지 못한다는 의미로도 볼 수 있다. 사람들은 자신이 이성적으로 행동하며, 주변의 많은 것을 통제할 수 있다고 착각한다. 그러나 실제로 우리는 비이성적인 결정을 내리며, 설령 합리적인 선택을 내리더라도 어떤 파급 효과가 벌어질지 전혀 상상하지 못한다.

다양한 사회상을 경제학적 개념과 계량적 분석으로 재미있게 서술한 레빗과 더브너이지만, 그들은 결코 통계학이 미래를 완벽히 예측할 수는 없음을 당부하며 마지막 한 가지 사례를 든다.

두 소년이 있었다. 한 아이는 흑인으로 가정 폭력에 시달렸고 갱단에 가입한다. 다른 아이는 백인으로 유복한 가정에서 사랑을 받으며 자란다. 가난했던 흑인 아이의 이름은 롤랜드 프라이어로, 훗날 하버드 대학 경제학자가 된다. 유복했던 백인 아이의 이름은 테드 카진스키로, 하버드 대학을 졸업한 후 미치광이 우편 폭탄 테러리스트가 된다.

◆ 이론으로만 알던 경제학이 현실 세계로

《괴짜 경제학》은 엄밀하게 따지면 경제학 책도, 사회학 책도 아닌 것 같은 탓에 출간 후 양쪽 학계로부터 날카로운 비평을 받았다. 그러나 어렵게만 느껴지는 학문을 일상생활 속으로 가져와 재미있게 풀어내는 것에는 대성공을 했다. 출간 직후 〈뉴욕 타임스〉 베스트셀러 2위에 올랐고, 향후 5년 동안 전 세계에서 400만 부 이상 판매된다.

《괴짜 경제학》이 펼치는 주장과 근거가 경제학자들이 생각하는 객관적이고 논리적인 기준에 한참 못 미치는 것은 부정할 수 없는 사실이다. 커다란 사회적 반향을 일으키거나 학계에 새로운 패러다임을 제시했던 다른 경제학 고전들과 어깨를 나란히 하기에 사실 무리도 있다. 그럼에도 불구하고 이 책은 21세기를 살아가는 경제학자들에게 큰 숙제를 의도치 않게 던져주었다.

케인스 이후 경제학은 더 어렵게 더 수학적으로 변해 왔다. 경제는 보통 사람의 삶에 지대한 영향을 끼치며, 이런 맥락에서 1992년 빌 클린턴 대통령 당시 후보가 "결국에 (문제는) 경제야, 이 바보야!"라고 한 것까지 고려할 때, 경제학이 점점 비경제학자가 접근하기 어려워지는 학문이 된 것은 애석한 점이다.

《괴짜 경제학》이 부족한 학문적 전문성과 논리적 건전함에도, 보통의 사람을 위한 스토리텔링으로 대성공을 거둔 것은 대중이 현실 세계에 대한 쉽고 명료한 경제학적 설명을 갈망하고 있다는 의미다. 이는 세상을 더 살기 좋게 변화시키고 싶은 경제학자에게는 절호의 기회이자 무거운 책임인 것이다.

12

대런 애쓰모글루·제임스 A. 로빈슨
《국가는 왜 실패하는가》
2012

국가적 빈곤 극복을 위한
현실적 방안

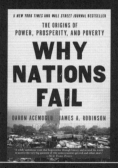

대런 애쓰모글루(Daron Acemoglu, 1967~)

터키 출신의 경제학자. 1992년 런던정치경제 대학에서 박사 학위를 받았다. 정치 제도
가 국가 경제 발전에 끼치는 영향에 대한 연구로 유명해졌고, 다양한 매체에서 가장 영
향력 있는 경제학자 3인에 선정된 바 있다.

제임스 A. 로빈슨(James A. Robinson, 1960~)

영국의 경제학자이자 정치학자. 민주주의와 소득의 관계를 연구하며, 라틴아메리카와 아
프리카 개발도상국의 경제와 정치 제도 사이의 연관을 분석했다. 그는 모든 사회가 결국
한 방향으로 진보한다는 근대화 이론을 강하게 비판했다.

※ 주요 저서: 《좁은 회랑》

지구촌에서 빈부 격차는 언제나 존재했기에 당연한 것으로 받아들이기 쉽다. 그러나 익숙함을 걷어내고 생각해보면 이는 매우 특이한 현상이 아닐 수 없다. 왜 어떤 나라는 역사적으로 부강하거나 급속히 부유해졌지만, 왜 또 어떤 나라는 국민 대다수가 절대 빈곤을 탈출하지 못하는가?

이 질문에 많은 학자가 자신만의 대답을 내놓았다. 문화사회학자들은 자유주의와 서양 개신교 문화가 서구권의 번영을 설명한다고 말한다. 한편 인류학자들은 대륙별로 불균등한 자원의 분포가 각 문명의 성패를 갈랐다고 설명한다. 이에 경제학자들은 자신들이 경제 발전의 비결을 알고 있으며, 개발도상국에 그 비법이 전수되지 않았기에 선진국 반열에 오르지 못하는 것이라고 주장한다.

위 이론들은 현재의 지구촌 빈부 격차를 결코 충분히 설명하지 못한다. 막스 베버와 같은 사회학자들은 개인의 사유 재산 추구와 근면을 독려하는 서양 특유의 개신교 문화가 이들 국가를 선진국 반열에 올려놓았다고 말한다. 그러나 이러한 설명은 개신교에 강하게 반발했던 유럽 가톨릭 국가들도 영국에서 전파된 산업 혁명을 즉시 받아들였다는 사실을 설명하는 데 실패한다. 제2차 세계대전 이후 동아시아의 국가들이 개신교 문화 없이도 눈부신 성장을 이룩했다는 것 또한 베버의 주장에 배치된다.

재래드 다이아몬드와 같은 인류학자들은 자원, 특히 가축으로 삼을 수 있는 야생 동물의 분포가 문명의 격차를 갈랐다고 말한다. 그러나 이는 작물부터 가축까지 가장 축복받은 땅이었던 중동이 왜 현대에 들어 낙후돼 있으며, 말, 소와 같은 가축이 유입된 남아메리카가 왜 21세기에도 가난한지 설명하지 못한다.

마지막으로 경제에 대한 무지가 빈곤을 불러왔다는 것에 대해 두 저자는 가나의 사례를 든다. 노벨경제학상을 받은 아서 루이스 등의 경제학자들이 조언을 아끼지 않았지만, 지도자들은 경제 발전에 도움이 되지 않는 정책 결정들을 내렸다. 그 이유는 자신의 집권이 언제나 경제 발전보다 우선이었기 때문이다. 이처럼 국가 경제의 발전은 '비법'을 아느냐 이상의 문제라는 것이다.

다양한 관점에서 제시한 이론들이 다 실패할 때, 애쓰모글루와 로빈슨은 역사 속에 열쇠가 있다고 말한다. 긴 시간에 걸쳐 나라의 기틀로 자리 잡은 제도가 국민의 빈곤 또는 번영을 결정한다는 것이다. 그는 세계 모든 대륙에 걸쳐 수많은 문명의 예시를 든다. 이 나라들이 역사적 분기점에서 어떤 제도를 받아들였는지 혹은 강요받았는지에 따라 나라가 번영하거나 빈곤으로 주저앉았다는 것이다. 그는《국가는 왜 실패하는가》를 통해 경제 발전에 대한 그간의 잘못된 이해를 타파하고 일관성 있는 설명을 제시한다.

실패한 국가와 성공한 국가를 가르는 결정적 차이

내가 케임브리지 대학에서 박사 과정에 있던 시절, 세미나 차 방문한 애쓰모글루 교수를 만난 적이 있다. 물론 인사와 간단한 자기소개 정도를 나눴을 뿐이지만 말이다.

그는 25세에 박사 학위를 받았고, 전미경제학회(American Economic Association)에서 40세 이하 경제학자 중 경제학에 큰 공헌을 한 사람에게 수여하는 존 베이츠 클라크 메달을 2005년에 받은, 당시 최고의 유망주 중 한 명이자 차세대 노벨경제학상 수상자(Next Nobel Laureate)라는 별명을 가졌음에도 사석에서는 매우 친절하고 수다스러웠으며 수더분했다. 그런 그가 세미나를 시작하자 돌변했다. 결론으로 발표를 시작하면서 핵심 맥락을 명료하게 짚어가며 세미나를 진행했다. 이 책을 읽으며 애쓰모글루 교수의 그런 성향이 글에도 잘 드러나 있다고 생각했다.

애쓰모글루와 로빈슨은 《국가는 왜 실패하는가》의 서두에 아무렇지 않게 결론을 툭 던지며 본론을 시작한다. 사람들이 더 나은 삶을 영위하기 위해 쏟은 노력의 대가를 온전히 누릴 수 있도록, 기존의 질서를 벗어 던지고 혁신을 일으키는 제도가 국가를 번영으로 이끈다는 것이다.

반대로 혁신의 대가를 몰수당하거나 기존의 질서에 대항한 대가로 목숨을 내놓아야 하는 제도하에서는 결코 번영을 지속할 수 없다. 애쓰모글루와 로빈슨은 자신의 주장을 뒷받침하기 위해 역사적 사례들을 이야기한다.

　개인이 자기 노력의 성과를 차지할 수 있는 환경은 번영의 전제 조건이다. 중세 유럽의 봉건 제도와 같이 모든 노력의 결과물을 지배층에 착취당하는 환경에서 사람들은 혁신을 이룰 수 없다. 동유럽의 농노들, 스페인령 남아메리카 식민지의 광부들, 중세 일본의 농부들과 소련의 인민들까지 동서고금을 막론하고 이들이 가진 공통점은 착취의 대상이었다는 것이다. 그들이 스스로의 삶을 더 낫게 만들기 위해 어떤 노력을 해도 그 산출은 지배자들이 빼앗아간다. 이런 환경에서 경제는 발전할 수 없다.

　이런 착취적 경제 질서가 수립된 것은 다원주의적이고 포용적인 정치 제도가 없었기 때문이다. 정치 제도가 어떻게 경제 제도에 직접적으로 영향을 주는지는 콩고의 예시에서 잘 드러난다. 콩고는 대항해 시대에 유럽 국가들과 조우했을 때 이미 중앙 집권을 달성한 상태였다. 그러나 왕은 서양과의 접촉을 통해 얻은 신문물을 경제 발전이 아니라 자신의 체제를 굳건히 하는 데 사용했다. 콩고의 군주는 많은 신기술을 뒤로하고 총을 최우선으로 받아들였다. 이는 노예를 잡아 수출하여 왕실 재정을 불리기 위함이었다. 스페인도 마찬가지였다. 신대륙에서 쏟아지는 부귀는 오롯이 왕에게만 집중됐고, 궁극적으로는 전비로 탕진됐다.

　이에 반대되는 예시는 바로 영국이다. 14세기 유럽을 휩쓸고 지나간 흑사병에 인구는 급감했고, 노동력은 귀해졌다. 이에 농민들은 노예제와 같은 착취적 제도에서 벗어날 수 있었다. 그리고 명예혁명을 통해 입헌 군주제와 같은 체제가 세워졌다. 기득권에 대항하는 신흥 세력이 나타나자, 한 계급이 권력을 독점하는 대신 여러 이익 집단이 힘을 나눠 갖는 다원적 정치 구조가 생겨났다. 그리고 이것이 산업 혁명의 시발점이 된 창조적 파괴로 이어졌다.

다원적 정치 제도에서는 지배 세력이 힘으로 혁신을 억누를 수 없다. 신기술을 토대로 한 신흥 세력이 기득권을 몰아내는 창조적 파괴가 연일 일어나며, 증기 기관과 방적기, 기관차와 같은 발명품이 쏟아졌고 이는 산업 혁명으로 이어졌다.

물론 소련이나 개혁 개방 이후의 중국처럼, 착취적 정치 제도를 가진 국가도 정부 주도의 빠른 경제 성장을 경험할 수 있다. 그러나 이는 후발 주자로서 성장을 따라잡는 데에는 효과적이지만, 창조적 파괴를 통한 미래로의 도약은 불가능하다. 결국 권위주의에 근거한 성장은 중진국 수준에서 멈출 수밖에 없다.

결론적으로 애쓰모글루와 로빈슨은 나라의 빈곤은 착취적 정치 제도에서 비롯되고, 번영은 다원주의에 기반한 포용적 정치 제도 그리고 이를 바탕으로 한 창조적 파괴의 연속에 그 돌파구가 있다고 주장한다. 그러면 그의 말대로 가난한 나라들이 정치 제도를 개혁하면 경제적으로 성장하게 되는 것일까?

그러나 포용적 정치 제도를 수립하는 일은 말처럼 간단하지 않다. 21세기에도 빈곤한 나라들을 계속해서 괴롭히는 문제는 오랫동안 끈질기게 계속 되어왔다는 점이다. 사하라 사막 이남 아프리카와 라틴아메리카의 나라들은 서구 열강의 식민 지배를 받던 곳이다. 스페인은 남아메리카 식민지에 강제 노역을 통한 귀금속 수탈에 최적화된 정부를 수립했다. 영국은 아프리카에서 흑인을 교육과 참정권에서 배제시켰고, 농업 이외의 직업은 갖지 못하게 했다. 네덜란드는 경쟁 국가의 상인들에게 향신료를 납품했다는 이유로 반투족 사람들을 남김없이 학살한 뒤, 노예로 데려와 새로이 자신들만의 플랜테이션•을 만들었다. 이런 역사에서 비롯된 착취적 정치 제도는 혁명으로 지배층이 바뀌거나 제국주의 열강으로부터 독립을 쟁취한 뒤에도 그대로 남았다. 권력층이 바뀌어도 사회의 근간을 이루는 제도는 끈질기게 살아남았고, 결국 국민은 빈곤 속에서 번영을 위한 동기를 박탈당하며 끊임없이 착취당할 수밖에 없었다.

그러나 착취적 역사의 구속을 끊기 위한 움직임도 계속되고 있다. 2010년대 초 튀니지 혁명에서 촉발된 '아랍의 봄'이 그 예로, 중동 사람들은 오스만 튀르크와 서구 열강의 식민 지배에서 유래한 착취적 정치 제도를 무너뜨리기 위해 투쟁을 벌였으며, 지금 이 순간에도 국민들은 운명의 분기점에 서 있다. 흥미로운 점은 빈곤에 시달리는 국민의 첫 번째 요구 사항이 일자리 확보나 최저 임금 인상과 같이 당장 먹고사는 문제가 아닌 투표와 언론, 결사의 자유와 같이 더 근원적이며 공정한 사회를 위해 필수적인 조건들이라는 것이다.

애쓰모글루와 로빈슨은 지리적 위치나 문화가 국가의 운명을 가른다는 인류학자와 사회학자들 혹은 자신의 거시 경제 정책이 빈곤을 타파할 것이라는 경제학자들보다도 아랍의 평범한 국민이 번영의 해답을 직관적으로 더 잘 파악하고 있다고 말한다. 착취적 제도의 지

• Plantation. 열대, 아열대 기후 지역에서 선진국이나 다국적 기업의 자본 및 기술과 원주민의 값싼 노동력이 결합돼 상품 작물을 대규모로 단일 경작하는 농업 방식.

배자 자리를 차지하기 위한 파벌 세력 간의 경쟁이 아니라 정말로 모든 이의 권리와 기회를 보장해주는 포용적 정치 제도의 도입이 바로 그 답인 것이다.

◆ 국가의 성패를 가르는 것은 결국 '제도'다

국가의 번영과 빈곤 문제는 많은 학자와 정치가 그리고 평범한 대중까지 끊임없이 해답을 갈구하는 사안이다. 그럼에도 불구하고 서로 다른 답을 내놓는 게 현실이었다. 그런데 애쓰모글루와 로빈슨은 쉽고 명료한 설명을 통해 이 복합적인 문제의 본질을 분석하는 데 성공했다.

《국가는 왜 실패하는가》는 학계뿐 아니라 대중에게도 엄청난 찬사를 받은 동시에 다른 학자들로부터 집중적인 비평을 받으며 국가의 번영과 빈곤이라는 주제에 열띤 담론을 열었다. 《총, 균, 쇠》로 유명한 재래드 다이아몬드, 노벨경제학상 수상자 제프리 삭스, 《역사의 종언》을 쓴 저명한 정치학자 프랜시스 후쿠야마 등 많은 사람이 그의 주장을 반박했고, 이에 대해 애쓰모글루와 로빈슨이 다시 대답하며 논쟁은 현재까지도 진행 중이다.

이러한 논란에도 불구하고 이 책은 21세기 국가적 빈곤의 원인이 무엇인지 밝히고, 이를 타파하기 위한 방법을 제시했다는 데 그 의의가 있다. 제3세계 빈곤은 오랜 시간 동안 지리적 운명으로 인한 불

변의 것으로 받아들여지거나 워싱턴 컨센서스와 같이 현지의 역사·
제도적 특성을 전혀 반영하지 못한 천편일률적 해결책만을 처방받아
왔다. 혹은 대중은 물론 학계의 많은 이들까지 권위주의적 정부의 단
기적 성과에 현혹돼 착취적 제도를 기꺼이 도입하도록 부추겼다.

이에 애쓰모글루와 로빈슨은 선행하는 이론들보다 더 포괄적이
면서도 구체적으로 적용 가능한 방법론을 제시한다. 번영의 열쇠란
지배자가 국민을 착취하는 체제를 개혁하고, 모두 동등한 권한과 기
회를 갖는 제도의 수립하는 데 달려 있다는 것이다.

함께 읽으면 좋은 책

- 《**총, 균, 쇠**》 재레드 다이아몬드, 문학사상, 2005
- 《**역사의 종말**》 프랜시스 후쿠야마, 한마음사, 1997

3장

★

노벨상
수상자들의
경제학 고전

13

존 힉스
《가치와 자본》
1939

미시 경제학의 이론적 틀을
체계화하다

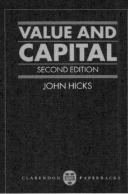

VALUE AND
CAPITAL
SECOND EDITION

JOHN HICKS

CLARENDON PAPERBACKS

존 힉스(John Richard Hicks, 1904~1989)

영국의 경제학자. 옥스퍼드 대학에서 교수를 역임했으며, 1972년 노벨경제학상을 받았다. 미시 경제학에서 대체 탄력성 개념을 도입했고, 거시 경제학에서 이자율과 국민 소득의 관계를 분석하는 IS-LM 모델을 개발했다. 그뿐 아니라 경제 성장론, 경제 통계, 경제사 등 경제학의 전 분야에 걸쳐 수많은 업적을 남겼다. 우리가 알고 있는 대부분의 경제학 이론이 그의 손을 거쳤다 해도 과언은 아니다.

1890년경 앨프리드 마셜은 영국 케임브리지 대학에서 사실상 미시 경제학*이라는 분야를 창시했다. 그는 경제학에 한계 효용**이라는 결정적 개념을 제시했고, 이를 바탕으로 경제학은 세계적으로 눈부신 발전을 이룰 수 있었다. 피구, 케인스, 데니스 로버트슨 등을 필두로 하는 마셜의 후계자격인 케임브리지학파가 당연히 그 중심에 있었다. 그러나 스위스의 발라, 이탈리아의 파레토와 오스트리아의 뵘바베르크, 스웨덴의 빅셀, 린달 등 다른 국가 지역들에서도 경제학은 사상적, 이론적으로 빠르게 발전했다.

문제는 당시에는 인터넷도, 구글 번역기도 없었다는 것이다. 언어 장벽과 원거리 소통 방법이라는 비효율로 인해 미시 경제학에서의 학문적 발전은 서로 공유되지 못했다. 어린 시절 힉스는 누나와 여

- 경제적 의사 결정의 주체인 개별 단위, 예를 들어 가계, 기업, 생산 요소의 공급자(노동자, 자본가, 지주 등)와 이들 상호 간의 관계, 나아가 개별 시장의 행위를 대상으로 삼는다. 반면 거시 경제학은 경제 전체에 걸쳐 또는 경제 전체를 주요 부분(총소비, 총투자, 총저축, 정부 지출 등)으로 나누어, 모든 개별적인 재화와 용역을 집계하고 그 총계를 대상으로 삼는다.
- •• 소비자가 물건을 하나 더 소비할 때 추가로 얻는 만족감. "첫술이 가장 배부르다"라는 말의 수학적 표현.

동생과 함께 역사와 문학 공부하는 것을 즐겼다. 선생님이던 어머니는 힉스에게 단테의 작품들을 소개해주었는데 덕분에 7세 때부터 라틴어를 배울 수 있었고, 라틴어를 바탕으로 이탈리아어까지 읽을 수 있게 되었다. 옥스퍼드 대학에서 철학, 정치, 경제학을 전공하던 시절에는 철학을 공부하며 독일어를, 정치학을 공부하며 프랑스어를 배웠다. 영국인인 힉스는 결국 독일어, 프랑스어, 이탈리아어를 읽을 수 있었고, 그가 있던 영국은 마셜과 케인스를 배출한 경제학의 중심지였다.

힉스는 전 유럽적 스케일을 가지고 동시다발적으로 빠르게 발전하던 새로운 경제학 이론을 대부분 읽고 소화할 수 있었다. 그리고 이 이론들을 토대로 새로운 경제학 체계를 구축하려 노력했고, 그 결과물이 바로 이 책《가치와 자본》이다.

◆ 이론 경제학의 고전

《가치와 자본》은 경제학 이론을 다룬 책이다 보니, 독자들이 직접 읽기란 쉽지 않다. 경제학을 진지하게 공부할 의도를 가진 독자가 아니라면 직접 읽는 것을 추천하지는 않는다. 이론 경제학의 고전이라 불리는《가치와 자본》은 힉스의 연구와 고민의 정수를 담은 책이기에, 미시 경제학 교과 과정에서 아주 자세하고 친절하게 다루고 있다. 따라서 이 책이 다루는 이론을 파악하는 것보다 어떻게 경제학 발전에 역할을 했는지, 왜 중요하게 여겨지는지에 대한 맥락적 이해가 더 중요하다.

《가치와 자본》은 먼저 가치에 대한 이론을 다룬다. 가치에 대한 논의와 가정을 바탕으로 (특정 시장에 국한되지 않은) 전체 시장의 수요와 공급이 일치하는 일반 균형에 대한 논의를 이끌어낸다. 그 후 경제에서의 동적 요인을 논의한다. 어려운 말처럼 느껴지겠지만 한마디로 말해, 균형에 대한 이론과 그 균형을 유지하기 위해 경제 내에서 작용하는 힘의 이론을 정립했다고 보면 된다. 이를 단순화된 사례로 독자에게 설명하고, 그 사례를 보편화시키는 방식으로 이론을 정립한다.

힉스는 《가치와 자본》의 시작 지점에서 이런 질문을 던진다. 소비자는 시장에서 딱 두 가지 상품만 선택할 수 있다. 그리고 그 상품을 사기 위한 돈을 받는다. 이때 각 상품의 수요량은 무엇이 결정할까? 이 질문에 답하기 위해 힉스는 소비자들의 효용과 수요에 영향을 미치는 가정들을 세운다. 그다음 소비자들이 가진 돈(부)의 제약을 나타내는 예산 제약(Budget Constraint)을 먼저 도출한다. 그리고 가정과 예산 제약으로부터 한 상품의 가격 변화가 각 상품의 수요를 어떻게 변화시키는지 이론적으로 보여준다.

예를 들어 소비자가 고기와 채소를 구매할 수 있다고 하자. 만약 아무 조건이 바뀌지 않은 채 채소 가격이 오른다면, 상대적으로 비싸지는 채소의 수요는 감소하지만 상대적으로 저렴해지는 고기의 수요는 증가할 것이다. 이를 대체 효과(Substitution Effect)라고 한다. 동시에 채소 가격이 올랐기 때문에 소비자가 실제 구매할 수 있는 상품의 총량은 감소한다. 이는 소비자의 실질 소득이 감소했음을 의미한다. 소득이 줄었기 때문에 소비자는 채소과 고기 모두 적게 구매할 것이다. 이것을 경제학에서는 소득 효과(Income Effect)라고 한다.

힉스는 《가치와 자본》에서 소득 효과와 대체 효과를 명확하게 구분할 수 있는 이론적 토대를 마련했다. 당시 이러한 분석은 소비자 이론에 있어서 혁신이나 다름없었다.

◆ 미시 경제학과 일반 균형의 이론적 토대를 쌓다

《가치와 자본》은 현재 우리가 배우는 미시 경제학의 이론적 틀을 체계화했다. 예를 들어 경제학에서의 '소비자 잉여'라는 개념은 마셜로부터 시작됐지만, 소비자 선택 이론의 체계 안에서 소비자 잉여의 존재 조건들을 도출해낸 것은 이 책이다. 그뿐 아니라 대체재와 보완재 개념을 제시하고 그 효과를 분석한 것도 이 책의 공헌이다. 이러한 개념들과 이론적 토대들은 이후 미시 경제학이 발전하는 데 있어 중요한 키잡이 역할을 훌륭히 수행했다 .

힉스는 마셜과 케인스로부터 시작한 한계적 개념에 기반한 경제학을 바탕으로, 로잔학파의 일반 균형 이론과 오스트리아학파의 이론적 발전 그리고 빅셀, 뮈르달, 린달로 이어지는 북구학파의 경제학을 흡수하여 오늘날 미시 경제학의 전체적인 틀을 통합적으로 완성했다.

《가치와 자본》은 소비자 개개인의 수요와 공급이 일치하는 개인 수준에서의 균형들이 모두 합쳐지면 시장에 참여하는 소비자, 생산자 그리고 상품을 모두 통합하는 일반 균형에 다다른다는 것을 보여주었다. 이 과정에서 세계 처음으로 일반 균형의 안정성 조건에 대해 학문적으로 엄밀한 분석을 시도했다. 이러한 힉스의 노력은 경제학에서 처음으로 경제 모형에서 여건의 변화로 성립되는 새로운 균형 상태가 변화 이전의 균형 상태와 어떻게 다른지를 비교·분석하는 방법인 비교정학을 공식화하는 데 영향을 주었다.

현대의 경제학도들은 《가치와 자본》을 직접 읽지는 않지만, 학부에서 가장 먼저 듣는 미시 경제학 수업에서 마주하는 내용들이 바로 이 책에 담긴 내용이다. 대학뿐 아니라 수능, 논술, 노무사, 회계사 시험 등에서도 우리는 이 책의 내용을 피해갈 수 없다. 노벨경제학상 수상자이자 미국의 저명한 경제학자인 폴 새뮤얼슨은 힉스의 《가치와 자본》을 두고 "경제학계의 마지막 고전"이라고 평가하기도 했다.

14

프리드리히 하이에크
《노예의 길》
1944

정부의 역할과 시장,
자유의 의미를 묻다

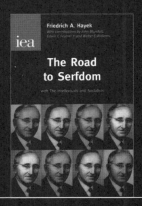

프리드리히 하이에크(Friedrich Hayek, 1899~1992)

오스트리아 빈 출신 경제학자. 오스트리아학파의 일원으로 자유 시장 경제에 대한 옹호
와 사회주의 정책에 대한 비판으로 널리 알려졌고, 1974년 노벨경제학상을 수상했다.
제2차 세계대전 이후의 시장 자유주의 해설서이자 20세기 보수주의와 자유주의 정치 경
제 담론에 큰 영향을 준 《노예의 길》을 집필했다.

※ 주요 저서: 《자유헌정론》《법, 입법, 그리고 자유》

제1차 세계대전 이후 세계 최대 경제 대국이 된 미국은 유례없는 호황을 누렸다. 그러나 1929년 대공황이 닥치면서 미국 경제는 위기를 맞이했고, 이에 1933년 집권한 루스벨트 행정부는 뉴딜 정책을 개시한다. 뉴딜 정책의 핵심은 대규모 사회 간접 자본 시설 투자와 가격 통제, 생산량 쿼터제, 최저임금제 도입, 노조권 강화 등의 도입이었고, 실업률을 낮추고 절대 빈곤층을 구제하는 데에는 어느 정도 성공한다. 그러나 임금 및 가격 제한 정책과 생산량 쿼터제 등 연방 정부에 국가적 자원 배분의 결정 권한을 줌으로써 시장에 대한 정부의 입김이 극대화된다.

이런 변화는 큰 반발을 일으켰고, 일부 정책은 위헌 판정을 받기도 했다. 그러나 노동 관련법과 가격 상한제, 배급제와 고용 증진을 위한 정책 사업들이 계속되면서, 1930년대 세계 각국 정부는 경제에 직접적으로 개입하기 시작했고, 대중도 이를 당연하다고 받아들이게 된다.

시장 경제에 대한 정부의 적극적 개입은 미국에서만 나타난 현상은 아니었다. 영국의 페이비언 사회주의도 이를 닮아, 계급 투쟁과 폭력 없이 사회 보장 제도, 최저 임금, 핵심 산업의 국유화 등 사회주의적 제도를 점진적 그러나 지속적으로 달성해나가는 것을 강령으로 삼아 노동당과 연계해 영국의 경제 정책에 관여했다.

미국에서 시작한 대공황의 여파로 자유 경제 국가들은 긴 경기 침체에 돌입한다. 이들이 고통받는 동안 공산주의의 소련과 무솔리니 치하의 이탈리아는 계획 경제를 기반으로 빠른 성장을 이루어냈다. 이에 미국, 영국, 프랑스 등은 계획 경제의 강점을 인지한다. 당시 대공황의 원인을 소비보다 훨씬 많은 생산(공급)으로 꼽았는데, 자유주의 국가들은 공산주의나 파시즘을 추구하던 전체주의 국가의 정부가 적극적으로 생산량을 계획하며 자원을 배분했기 때문에 빠른 성장을 이룰 수 있었다고 생각했다.

전체주의의 어두운 점들이 선전과 탄압에 가려진 상황에서, 시장의 무질서가 아닌 정부의 계획적인 정책 수립은 마치 대공황을 타파할 해결책처럼 보였다. 이 때문에 이후 영국 보수당 수상이 되는 해럴드 맥밀런조차 저서 《중도의 길》에서 자본주의의 존속을 위해 사회주의적 제도를 도입해야 한다고 말할 정도였다.

특히나 파시즘은 서구 세계에 좋은 이미지로 비춰졌다. 당시 대공황은 자본주의의 심각한 결점이자 한계를 드러낸 증거로 여겨졌는데, 파시즘은 공산주의에 대항하는 자본주의의 정반합 형태로 여겨졌기 때문이었다. 게다가 터그웰이나 케인스 같은 이들은 무솔리니 치하의 이탈리아와 소련의 전시 행정을 본 후, 국가적 의사 결정에 따라 자원이 배분되는 계획 경제 체제에 대해 좋은 평을 남기기도 했다.

영국 경제학자이자 하원 의원인 윌리엄 베버리지는 1932년 히틀러의 집권이 공산주의에 대한 자본주의의 승리라고 평가한다. 하이에크는 이에 대한 반박으로 "독일 파시즘은 사회주의에서의 프롤레타리아를 중산층으로 바꾸었을 뿐"이라는 내용의 메모를 보내는데, 이 메모가 이후 《노예의 길》의 초고 역할을 한다.

제2차 세계대전으로 독일과 이탈리아와 같은 파시즘 국가가 패망한 이후에도 사회 보장 제도와 노동 조건 개선을 원하는 여론에 힘입어 정부의 시장 개입이라는 사회주의적 정책 기조는 계속됐다. 하이에크는 이러한 점진적인 자유주의 국가들의 사회주의화 행보가 나치가 독일을 전체주의로 이끈 과정과 일치한다고 주장하며 《노예의 길》을 집필했다.

◆ 사회주의와 계획 경제는 인류를 '노예의 길'로 인도한다

1944년 《노예의 길》이 출간되던 당시는 자유주의와 시장 경제 진영의 시장 실패(대공황)로 인해 사회주의와 계획 경제 진영의 장점이 부각되던 시기였다. 자유주의에서의 개인은 누구나 자신의 이익을 추구할 권리가 있다. 이에 반해 사회주의는 '공동선'이라는 가치를 내세워 국가가 개인들의 행동을 통제할 권리를 가진다. 공동선이란 전 국민의 효용 극대화가 될 수도 있고, 평등한 사회가 될 수도 있으며, 사회 구성원들을 위한 어떤 목표가 될 수도 있다. 예를 들어 공산주의에서의 공동선은 '경제적 평등'이었고, 제2차 세계대전 독일 파시즘에서의 공동선은 '독일의 영광'이었다.

자유주의에 입각한 시장 경제에서 경제 주체들은 자유로이 자신의 이익을 위해 시장에 참여한다. 모든 경제 참여자로 이루어진 집단 지성이 실시간으로 시장을 확인하고 그에 반응하는 구조인 것이다. 이러한 집단 지성은 시시각각 변화하는 환경에 따라 즉시 반응하고 결정 내릴 수 있다. 지켜보는 눈이 많고 자신의 이익이 걸려 있기 때문이다.

그러나 계획 경제 체제는 국가가 시장을 확인하고, 시장에 반응하며, 시장을 조정한다. 이러한 경제 체제가 효율적이기 위해서는 의사 결정의 독점권을 가진 국가가 항상 변화하는 시장 상황을 실시간으로 정확하게 파악하고 대응해야 한다. 그리고 하이에크는 "국가가 이런 역할을 수행하는 것은 불가능하기 때문에 계획 경제 체제는 효율적일 수 없다"라고 말한다.

아무리 좋은 의도를 가져도 정부가 시장에 개입하는 순간, 시장 참여자들 간의 경쟁을 저해하거나 가격을 왜곡시킬 수밖에 없다. 이때 국가는 자신이 가진 권력을 이용해 개인의 자유를 제약하기 시작한다. 예를 들어 돈이 없어서 식량을 살 수 없는 사람들을 돕기 위해 빵 시장에 가격 상한제를 도입하면 빵은 시장에서 원하는 양(균형)보다 적게 공급될 것이다. 빵의 공급이 적으면 사람들은 원하는 만큼 빵을 사지 못할 것이고, 어떤 형식으로든 부족한 빵을 나눌 방법(배급제)이 필요해진다. 그리고 국가는 빵 부족을 해소하기 위해 빵 생산자들에게 생산을 명령하게 된다. 물론 원자재 또한 부족한 빵 생산에 맞추어져 있어 수급이 원활하지 못할 수 있기 때문에 필요한 원자재에도 가격 제한이 이루어질 수 있다. 이렇듯 경제의 자원 배분과 생산 요소를 국가가 통제하고 명령하기 시작하면 자유가 박탈당하고 비효율●이 발생한다.

하이에크는 이것이 바로 독일 사회주의 정책이 파시즘으로 이어진 이유라고 말한다. 나치가 집권한 독일은 아우토반 건설 등 사회 간접 자본을 확충하기 위해 중앙은행이 돈을 찍어냈고, 이는 인플레이션으로 이어졌다. 상승하는 물가를 통제하기 위해 독일 정부는 가격 상한제를 실시했고, 이는 공급 부족으로 이어진다. 자연스럽게 배급제가 실시됐으며, 부족한 공급을 메우기 위해 대기업 중심으로 생산 계획이 하달됐고, 이들 대기업을 위한 노동자들이 배치됐다. 그리고 반발을 잠재우고 계획 경제의 비효율을 감추기 위해 선전 선동과 반대파 숙청이 이루어졌고, 이는 개인을 완전히 수단 취급하는 전체주의 정부의 대두로 이어진다.

당시 많은 사람은 파시즘이 자유 시장 경제의 실패와 사회주의 계획 경제의 극단성을 자양분 삼아 대안으로서 탄생했다고 생각했다. 또 득세하던 온건 사회주의 지지자들은 정부가 비대해져도 민주적 절차로 이를 견제할 수 있으며, 절대 히틀러와 같은 폭군이 집권하지 않을 것이라고 주장했다.

그러나 하이에크는 국가의 경제 개입은 필연적으로 개인의 자유를 제한하는 독재 국가를 탄생시키기 때문에 사회주의가 나치와 같은 파시즘으로 변모하는 것이지, 자유주의와 사회주의의 절충안으로

● 경제학에서 비효율이란 수요와 공급이 일치하는 균형 상태에서 벗어난 상태를 의미한다.

파시즘이 탄생한 것은 아니라고 주장한다. 그는 "국가를 항상 지옥으로 만들어온 것은 인간이 그것을 천국으로 만들려고 애쓴 결과였다"라는 독일 시인의 풍자를 인용하며 사회주의자들을 꼬집었다.

◆ **영국 대처리즘과**
미국 레이거노믹스에 영향을 미치다

《노예의 길》은 출간된 첫해에 시카고대학출판사에서 4만 부, 월간도서출판사에서 60만 부가 판매됐고, 리더스다이제스트의 700만 구독자에게 요약본이 전달되면서 선풍적인 인기를 끌었다. 당시 첨예했던 경제 체제에 대한 사상 논쟁이 얼마나 많은 관심을 받았는지 알 수 있는 부분이다.

국민 건강 보험 같은 사회 보장 제도와 복지 제도를 확대하고 빈곤 퇴치 정책을 펼쳐 영국이 복지 국가로 가는 초석을 세운《베버리지 보고서》가 영국의 베스트셀러가 될 때, 흥미롭게도 미국에서는 정부의 시장 개입이 불필요하다고 주장하는《노예의 길》이 학술 출간으로는 전례 없는 기록을 세웠다.

물론 제2차 세계대전 이후의 정책은 사회 보장 제도와 기간산업의 국영화같이 국가의 적극적인 경제 활동에 대한 개입을 수반하는 사회주의적 정책을 도입하는 방향으로 전개됐고, 이는 케인스학파의 잠정적 승리로 해석할 수 있다.

그러나 1970년대 스태그플레이션이 발생하자 상황은 뒤집힌다.

케인스학파 대신 하이에크의 뒤를 이은 신자유주의적 경제 정책이 설득력을 얻게 된 것이다. 이때 유명해진 대표적 학자가 바로 하이에크의 영향을 받은 시카고학파의 거두 밀턴 프리드먼이다.

하이에크의 사상은 1980년대 영국의 대처리즘과 미국의 레이거노믹스에 지대한 영향을 미쳤다. 미국 레이건 행정부와 영국의 대처 행정부는 신자유주의 정책을 펼쳐 1970년대 시작된 스태그플레이션을 성공적으로 끝낼 수 있었다. 케인스학파 대신 하이에크로부터 출발한 신자유주의가 주류가 된 것이다. 특히 마가렛 대처는《노예의 길》을 보강하여 출간한 하이에크의《자유헌정론》을 지지한 것으로 유명하다. 1975년 영국 보수당 총재가 된 대처는 당원들 앞에서 하이에크의《자유헌정론》을 탁자에 쾅 하고 내려놓고는 "이것이, 우리가 믿는 바입니다"라고 공언했다고 전해진다.

함께 읽으면 좋은 책

- 《**자유헌정론 1**》 프리드리히 하이에크, 자유기업센터, 2016
- 《**베버리지 보고서**》 윌리엄 베버리지, 사회평론아카데미, 2022

15

엘리너 오스트롬
《공유의 비극을 넘어》
1990

기후 변화로 인한 인류의 파멸은
불가피한 것인가?

엘리너 오스트롬(Elinor Ostrom, 1933~2012)

미국의 정치학자인 그는 평생 개인의 무분별한 이익 추구가 공동체 전체를 파멸시키는 '공유지의 비극' 문제를 해결하기 위한 연구에 헌신했다. 시장이나 정부 권력이 아닌 공동체 자율 규약을 통한 제3의 길을 제시했으며, 이는 환경 오염과 기후 변화 등의 문제를 겪던 세계 각국의 관료와 학자들에게 찬사를 받았다. 이 공로를 인정받아 2009년 여성 최초로 노벨경제학상 수상자가 됐다.

※ 주요 저서: 《지식의 공유》

20세기가 저물어갈 무렵, 세계는 기후 변화와 환경 오염, 생물 다양성 위기와 같은 문제에 봉착하기 시작했다. 경제 논리만 앞세우던 세계 각국의 성장 만능주의적 행보는 전 지구적 위기를 불러왔고, 21세기에 들어서는 '과연 다음 세대는 존속할 수 있을 것인가'라는 의문이 제기될 정도로 문제가 심각해졌다.

이 위기를 표면적으로만 보았을 때, 인류는 마치 스스로 멸종을 부추기는 어리석고 비이성적인 행동을 하는 것으로 보인다. 그런데 1968년 미국의 생태학자 개릿 하딘이 이러한 기존의 시각을 타파하는 충격적인 분석을 내놓는다. '공유지의 비극'이라는 용어를 최초로 정립한 그는 공동체 구성원들이 어리석고 비합리적인 것이 아니라, 지극히 이성적이기 때문에 오히려 파멸을 피할 수 없다는 것이다.

하딘이 제시한 논리는 이렇다. 마을 사람들이 공동으로 사용하는 목초지가 있다. 이곳에서 양 떼를 치는 목동은 자신의 양이 늘면 온전히 이익을 독점하지만, 초원 고갈과 오염같이 양들이 발생시키는 비용은 이웃들까지 모두 나눠 가져야 한다. 이에 목동은 계속 양의 수를 늘리는 것이 합리적이다. 문제는 다른 목동들도 똑같이 생각한다는 것이다. 따라서 한정된 자원과 무한정한 이익 추구가 만나 공동체 전체의 파멸을 불러온다는 것이다.

하딘은 이런 공유지의 비극을 막기 위해, 목초지 영역을 나누고 울타리를 쳐서 공유지를 사유화해야 한다고 말한다. 개인이 모든 이익과 비용을 온전히 부담하면 공동체 전체가 파국으로 치닫는 것을 막을 수 있기 때문이다. 또 사유화보다 덜 이상적이지만 법 제도를 통해 이기적인 행동을 제지할 수 있다고도 말한다. 공동체 전체에 피해를 입히는 행위에 벌금이나 세금을 부과함으로써 개인의 이기심을 통제하는 것이다.

하지만 하딘의 방법으로 과연 기후 변화 같은 전 지구적 문제를 해결할 수 있을까? 기후 변화는 세계 전체에 피해를 끼친다. 또 기후 문제를 해결할 방법을 찾더라도 협력하지 않은 이들을 이익에서 배제할 수도 없다. 이 때문에 세계 각국의 가장 '합리적인' 행동은 남들이 탄소 배출을 절감하고 환경 보호 비용을 부담하는 동안, 더욱 값싸고 빠르게 경제 발전을 이룩하여 글로벌 경쟁에서 앞서나가는 것이었다.

하딘이 제시한 차선책인 법 제도를 통한 통제도 여의치 않다. 세계 각국은 각자 다른 이해관계와 경제 개발 정도, 국부 수준을 갖고 있으며, 경제적인 요인 이외에도 지정학적 권력 구조, 외교 관계, 국내 여론 등 수많은 복합적인 변수가 작용한다. 따라서 각 국가의 이기심을 제지할 초국가 기구의 등장이나 조약의 합의가 현실적으로 불가능한 것이다.

이처럼 이익과 비용의 사유화 혹은 범세계적 권위 기구의 출범이 실패할 것은 논리적으로 자명하다. 또 21세기를 사는 세계인들은 이런 비관적 예언이 실현돼 인류의 미래가 불분명한 상황까지 왔다는 것도 두 눈으로 직접 확인했다. 그렇다면 기후 변화로 인한 인류의 파멸은 불가피한 것인가? 이에 대해 오스트롬은 《공유지의 비극을 넘어》에서 제3의 길을 제시한다.

◆ 지구의 지속 가능성을 위한 인류의 고민

방목을 위한 목초지, 바다의 어군 그리고 무엇보다도 깨끗한 지구는 대표적인 공유재다. 공유재란 수량이 한정돼 있어 서로 경합하게 되면서도 소유권은 주장할 수는 없는(즉, 남이 몽땅 쓸어가도 막을 수 없는) 자원을 말한다. 유한한 자원의 무한한 추구가 결국 모두의 파멸을 불러오는 것을 알면서도, 자연 상태의 사람들은 '만인의 만인에 대한 투쟁'을 벌인다. 이는 결코 인간이 비이성적인 존재라서가 아니다. 다른 모두가 공유재를 아껴 쓸 때, 내가 몽땅 쓸어 담는다면 최대의 이익을 누릴 수 있으며 이는 가장 '합리적인' 선택이다. 그리고 모든 사람이 이를 알기에 이성적 인간은 공유재 앞에서 '모두의 모두에 대한 배신'을 벌이는 것이다.

이런 각자도생의 세계를 통제하기 위해 사회는 두 가지 기구를 출범시킨다. 하나는 정부다. 정부란, 모든 폭력에 대해 독점적 권한을 행사하는 기구다. 정부는 국민에게 권력을 행사함으로써 개인이 공동체의 이익에 기여하도록 강제한다. 또 다른 기구는 기업이다. 기업은 여러 개인이 협력했을 때 더 많은 이익을 누릴 수 있음을 근거로 계약을 통해 사람들이 상호의존적인 관계를 형성하게 만든다.

개인을 통제하고 질서를 만드는 정부와 기업의 공통점이란 외부의 권위에 의존하며, 하향식으로 명령하고, 힘을 행사하는 기구라는 점이다. 이런 기구들은 사회의 다양한 문제를 해결하는 데 유용하지만, 모든 문제의 답이 돼주지는 못한다. 기후 변화와 같은 공유지의 비극 문제가 그 한 예시다. 여기서 오스트롬은 하향식 권위 기구만이 유일한 해법은 아니며, 상향식으로 의사 결정이 진행되는, 공동체 구성원들 자율의 질서 역시 존재한다고 말한다.

정부와 국가 권력의 개입 없이 공유재를 관리하려던 시도는 동서고금을 막론하고 언제나 있어 왔다. 스위스의 방목장과 네팔의 관개 시설, 마사이족의 목초지, 터키의 공동 어장 등이 그 예다. 오스트롬은 정부 개입이나 사유화 없이도 공유재가 관리되는 예시들을 찾아 전 세계를 탐사했고, 수많은 성공과 실패 사례를 분석했다. 그리고 이를 바탕으로 공동체 구성원들이 자율적으로 공유재를 관리하는 여덟 가지 성공 비결, 즉 '디자인 원칙'을 정립했다.

디자인 원칙의 8개 비결을 좀 더 기억하기 쉽게 세 가지로 간추려 보자면, 첫 번째가 분명한 경계다. 개인이 공유재를 사유할 수 없더라도, 공동체 전체에는 배타적으로 귀속돼야 한다. 이는 당연한 것으로, 아무리 공동체 규범이 이상적으로 준수돼도 외부인이 마음대로 공유재를 쓸어 담을 수 있다면 질서가 유지될 수 없기 때문이다. 두 번째는 자치권이다. 지역 특색을 존중하지 않은 천편일률적 해결 방법은 통하지 않는다. 공동체 구성원들이 직접 규칙을 정하고, 이를 집행 및 감시하며 분쟁을 해결할 장치가 마련돼야 한다. 그리고 이 자치제의 효력을 중앙 정부가 존중해야 한다. 마지막으로 자치 공동체는 더 큰 공동체에 겹겹이 소속돼야 한다. 문제의 난이도가 자치 공동체 수준을 넘어설 때, 상위 공동체와의 협의를 통해 문제를 해결할 수 있어야 한다는 것이다.

◆ 공유지의 비극을 해결하는 제3의 길을 제시하다

어떻게 보면 오스트롬의 연구는 경제학보다 정치학에 더 가깝다고 볼 수 있다. 그러나 그의 연구는 세계 각국의 경제학자들과 법 관료들에게 큰 영향을 끼쳤다. 오스트롬은 공유재에 대한 개인의 탐욕이 필연적으로 공동체의 파멸을 불러온다는 경제학계의 정설을 타파했다. 또 파국을 막기 위한 해결 방안으로는 정부 권력의 개입이나 사유화만이 존재한다는 종래의 입장을 깨고 제3의 길이 있음을 밝혔다. 그는 여기서 그치지 않고 공동체 자율의 공유재 관리를 위해 어떤 규칙이 수립돼야 하는지를 설명하는 원칙까지 정립했다.

오스트롬의 연구는 공유재 거버넌스*를 연구하고, 설립해야 하는 이들에게 영향을 줬다. 디자인 원칙은 제도를 통해 경제를 설명하

● 공동의 목표를 달성하기 위하여, 주어진 자원 제약하에서 모든 이해 당사자들이 책임감을 가지고 투명하게 의사 결정을 수행할 수 있게 하는 제반 장치.

려는 학자들은 물론 당장 사회 제도를 수립해야 하는 관료 실무자들에게도 널리 받아들여졌다.

《공유지의 비극을 넘어》에 소개된 디자인 원칙이 가장 유의미할 분야는 당연 기후 변화일 것이다. 오스트롬은 범세계적 기구의 출범에만 의지하는 정치 외교적 해결책이나 탄소 배출권과 같이 사회적 손실의 사유화만 추구하는 경제적 해법으로는 밝은 미래를 장담하기 어렵다고 말한다. 경제학자들이 정설로 받아들이는 종래의 이론은 너무나 시야가 좁고 비현실적이라는 것이다.

반면 오스트롬은 기후 변화에 대한 다원적인 접근법을 제시한다. 범세계적 기구의 천편일률적인 통제를 기다리는 대신, 지역 공동체 수준에서의 환경 문제 해결이 먼저 시작돼야 한다는 것이다. 공장 지대나 도심 지역에서 주민의 건강과 안전을 위해 배출 가스를 규제하고, 장기적 경제 효익을 위해 재생 에너지로 전환하거나 단열재 설치를 통해 에너지 효율을 높임으로써 즉각적이며 현실적인 개선이 이루어질 수 있다는 것이다. 또 이런 지역 공동체 규약이 사회 전반에 신뢰를 불어넣고, 더 큰 규모로 확대돼 국가적 혹은 전 지구적 합의의 기초가 된다는 것이다.

오스트롬이 보기에 공유 자원의 분배처럼 복합적인 문제는 이론에 기반한 천편일률적 해결책 대신 현장의 맥락을 고려한 해결 방법이 필요했다. 그렇기에 그는 정치과학과 미시 경제학 이론을 탐구하는 대신 전 세계 각지를 직접 탐사함으로써 연구실이 아닌 현장에서 디자인 원칙을 발견해냈다. 이는 이론이 먼저, 응용이 그다음인 종래의 정책 제안과 반대되는 것이다.

훗날 법학자 리앤 펜넬은 그의 연구 철학에 빗대어 '오스트롬의 법칙'을 소개한다. "현실에서 통하는 방법이 이론에서도 통하기 마련이다"라는 의미다.

16

로버트 실러
《비이성적 과열》
2000

유례없는 번영 뒤에 나타난
경제 버블의 붕괴

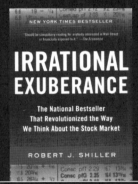

로버트 실러(Robert Shiller, 1946~)

미국의 경제학자로, 학계의 정론과 달리 시장은 근본적으로 비이성적이며 버블 형성과
붕괴로 점철된다고 주장했다. 그는 경제에 낙관적인 전망이 가득할 때 홀로 증시 폭락을
경고하곤 했는데, 대표적으로 닷컴 버블과 미국 부동산 버블의 붕괴를 예측한 바 있다.
2013년 시장의 효율성과 자산 가격을 결정하는 요인들에 대한 연구로, 노벨경제학상을
수상했다.

※ 주요 저서: 《야성적 충동》《내러티브 경제학》《새로운 금융시대》

경제학에서는 언제나 시장이 얼마나 효율적인지에 대해 열띠게 토론한다. 시장이 효율적이라는 의미는 간단히 말해 시장이 똑똑하다는 말이다. 증권 시장을 지켜보는 많은 투자자는 새로운 정보가 등장하는 즉시 이를 반영해 가격을 움직인다. 또 개별 투자자들은 오류나 편향에 치우칠 수 있지만, 수많은 투자자가 서로의 편향을 상쇄하며 시장 전체는 어느 정도 합리적으로 가격을 움직이는 것처럼 여겨진다.

시장이 효율적이라면 가격의 상승은 곧 가치의 성장을 의미해야 할 것이다. 그러나 우리는 증시가 경제 성장을 빠르게 앞지르거나 심지어 불경기에도 주식과 부동산이 끝없이 치솟는 것을 숱하게 목격해왔다. 이런 광풍과 붕괴는 성공한 투자자가 되고 싶은 개인들에게 투자 판단을 어렵게 하는 장애물이다. 특히 경기 전반을 감독, 조정해야 하는 위정자들에게는 더욱 골치 아픈 문제이기도 하다.

흔히 알려진 것과는 달리 버블 현상●은 붕괴뿐 아니라 형성이 될

● 투자·생산 등 실물 경제의 활발한 움직임이 없는데도 물가가 오르고 부동산 투기가 심해지고 증권 시장이 과열되는 등 돈의 흐름이 활발해지는 현상. 겉으로는 일반적인 경기 과열과 비슷해 보이나 돈이 생산 활동을 하는 기업에 몰리지 않고 투기나 사치성 소비 부문에 몰리는 것이 특징.

때도 부정적인 파급 효과를 발생한다. 한 영역의 상승장에 대한 낙관이 과도할 경우, 여기로 모든 자금이 쏠리며 투자가 정말 필요한 다른 산업이나 인프라에 대한 투자는 침체된다. 그 결과 증시는 올라도 사회의 근본적인 생산성은 하락하고, 이에 맞물려 버블이 붕괴하는 것이다. 버블 붕괴의 악영향은 말할 것도 없다. 증시의 갑작스러운 폭락은 경제의 자금줄을 말린다. 이는 투자 손실에 그치지 않고 경제 위기까지 초래한다.

따라서 정부는 이런 '비이성적 과열'을 경계하고 억제할 필요가 있다. 이 용어는 1996년 미국의 연방준비제도이사회(이하 연준) 의장이던 앨런 그린스펀이 처음 사용했는데, 이 용어가 사용되던 1990년대는 미래에 대한 낙관, '이번에는 예전과 다르다'는 인식으로 인해 IT 버블이 끓어오르던 시기였다. 1996년 12월, 그린스펀은 금융계 주요 석학들과 함께 시장 상황에 대한 회의를 열었다. 여기서 실러는 버블이 발생하는 이유와 과정을 설명하면서 현재 시장이 비이성적인 수준이라고 말했다.

그린스펀은 취임 첫해인 1987년, 하루에 주가가 22% 폭락한 '블랙 먼데이'를 경험한 바 있었다. 그가 호황 뒤에 가려진 붕괴를 인지하고 경계한 배경이다. 회의 3일 뒤, 그린스펀은 공개 연설 중 "버블은 지나치게 증시를 끌어올리고, 뒤이어 폭락과 침체를 불러온다. 이 원인이 되는 비이성적 과열을 우리는 어떻게 감지할 수 있는가?"라는 질문을 던졌다. 연준 의장의 이례적인 호황 속 비관에 다음 날 세계 증시는 하락했다. 그러나 주춤한 것도 잠시, 증시는 다시 고공행진을 이어갔다. 그리고 2001년, 결국 닷컴 버블*이 터지며 증시는 곤두박질쳤다. 그 직후 미국 부동산 시장이 '비이성적 과열'의 다음 주자가 되었고 이는 2008년 서브프라임 모기지 사태**로 이어졌다.

자꾸만 반복되는 버블 형성과 붕괴를 예견하고, 사후가 아닌 사전에 감지할 수는 없는 것일까? 이를 위해 실러는 왜 버블이 유래하는지에 대한 심도 있는 탐구를 이 책《비이성적 과열》에 담았다.

◆ 닷컴 버블과 미국 부동산 버블의 붕괴를 예측하다

실러는 버블이 어디에서 기원하는 것인지를 밝히기 위해 시장 구조적, 문화적 그리고 심리적 배경들을 하나씩 분석한다. 《비이성적 과열》은 2000년에 출간됐다. 이때는 닷컴 버블이 터지기 전, 시장이 광풍과 낙관에 시장이 젖어 있던 때였다. 그럼에도 이 책은 너무나 예언적이라 마치 버블 붕괴 후에 이를 정당화하기 위해 짜 맞춘 이야기처럼 느껴질 정도다.

《비이성적 과열》은 과거와 미래의 모든 버블을 분석하는 데 유용한 프레임워크를 제공한다. 그중에서도 역시 시대적 배경에 맞게 닷컴 버블을 심도 있게 분석하고 있다. 실러는 닷컴 버블의 연료가 된

- IT 관련 산업이 발전하면서 산업 국가의 주식 시장에서 지분 금액이 급격하게 오른 1995년부터 2000년에 발생한 거품 경제 현상.
- ●● 미국의 초대형 모기지 론 대부업체가 파산하면서 시작된 국제 금융 시장의 신용 경색으로 인한 연쇄적 경제 위기.

투자자들의 낙관에 불을 지핀 여러 환경적 원인을 지적한다. 1990년 대 미국 경제는 인터넷의 잠재성에 대한 기대감으로 새로운 세상, 새로운 경제가 열릴 것이라 기대했다. 라이벌 국가들은 장기 침체를 겪었고, 미국만이 홀로 돋보이는 시기였다. 또 공화당 의회가 입안한 투자소득세 감세 혜택을 받기 위해 투자자들은 매도를 미뤘고, 베이비부머 세대•의 경제 활동이 정점에 달하며 매수세는 극에 달했다.

사실 1990년대와 같은 호황세와 장밋빛 미래에 대한 기대는 새로운 것이 아니다. 당대의 낙관은 마치 1920년대 세계 대공황 직전의 황금기와 제2차 세계대전 이후 1950년대의 스태그플레이션 직전의 밝은 전망과도 닮았다. 미래를 내다보지는 못하더라도, 과거를 조금이나마 공부한 사람이라면 으스스한 데자뷰를 감지해야 했다. 그런데도 비이성적 과열이 마치 전염병처럼 사람들 사이에서 확산되는 이유는 무엇일까?

이는 거시 경제적 요인뿐 아니라 심리적 요소에도 강한 영향을 받는다. 인간은 본래 사회적인 동물로, 자신이 속한 집단의 의견에 강한 영향을 받는다. 버블은 사람들이 공통적인 의견을 공유할 때 증폭된다. 서로가 서로의 메아리가 되어 낙관에 대해 더 강한 확신을 품게 하는 것이다. 이때 사람들의 의견을 모으는 것이 바로 미디어다. 사람들의 의견이 모여 여론을 형성하고, 여론이 다시 사람들의 의견을 획일화하면서 버블을 키우는 것이다.

• 미국에서 제2차 세계대전이 끝난 1946~1965년 사이의 베이비붐 시대에 태어난 사람들.

역사를 뒤돌아보는 입장에서 이런 군중 심리는 어리석어 보일 수 있지만, 버블의 한가운데에 있는 사람에게는 쉽지 않은 문제다. 내가 주식 가격을 합리적으로 예측했다고 한들, 세상 모두가 주식 가격을 반대 방향으로 끌고 간다면 시장 가격은 내 예측치에서 점점 멀어지고, 나 혼자만 손실이 수십 퍼센트씩 쌓여갈 것이다. 이런 상황에서 '현명한' 개인은 선택의 순간에 놓인다. 억지로 고통을 억누르며 평정을 유지하거나 혹은 광기인 것을 알면서도 상승세에 뛰어들거나.

　　마지막으로 실러는 사람들이 간과하는 버블의 악영향에 대해 이야기한다. 증시가 20% 떨어졌다고 해서 일자리가 20% 사라졌다거나 하지는 않는다. 즉, 투자 손실이 실물 경제에 정말로 피해를 입히지는 않는다는 것이다. 그러나 그렇다고 해서 버블 붕괴가 가져오는 사회적 파급 효과를 대수롭지 않게 여겨서는 안 된다.

　　버블이 붕괴될 때마다 수천, 수만의 사람이 평생 모은 은퇴 자금을 잃고 노인 빈곤층으로 전락하거나, 빚더미를 떠안으며 세워놓은 삶의 계획이 완전히 무너지곤 한다. 엄청난 가격 변동에 누군가는 천문학적인 이익을 올리겠지만, 대부분의 사람은 거리에 나앉는 극단적인 부의 재분배가 이루어지는 것이다.

　　따라서 실러는 사람들에게 폭락에 대비한 보수적인 투자, 합리적인 투자를 강하게 권고한다. 시장 상황의 급격한 반전을 불러올 수 있는 요소들을 미리 예측하기란 쉽지 않기에 개인들은 위험을 줄이는 방향으로 자산을 형성해야 한다는 것이다. 흥미롭게도 실러가 개인 투자자들에게 내린 처방은 정작 그가 강하게 비판했던, "시장은 효율적"이라고 했던 이들의 제안과 매우 닮아 있다. 주식과 같은 고

위험 자산의 비중을 줄이고, 다양한 자산에 골고루 나눠 투자하라는 것이다.

◆ 불확실성 시대에 역사에서 배워야 할 중요한 시사점

실러는《비이성적 과열》에서 시장이 효율적, 합리적이라는 학계의 정설에 반박한다. 이는 곧 많은 경제학자 사이에서 열띤 토론을 촉발했다. 재미있게도 실러와 대척점에 서 있는 사람은 2013년 노벨경제학상을 공동으로 수상한 유진 파마 교수다. 그는 시장이 효율적이기에 정부의 개입과 규제가 불필요하다고 역설하면서, 실러가 과학적이고 계량적인 연구 대신 사후에 인과관계를 그럴듯하게 엮어 만드는 스토리텔링에 의존하고 있다고 비판했다.

이런 비판은 학계에서 어떻게 학문적 발견이 이루어지는지를 알면 더 이해하기 쉽다. 지난 100년간 경제학이 철학과 정치사회학에서 독립된 이래로 경제학자들은 과학적 연구 방법론을 도입하려고 애써왔다. 타고난 이야기꾼이 아닌, 물리학자와 수학자처럼 검증하고 그 위에 또 다른 연구를 축적하며 세상을 설명하고 싶었던 것이다.

파마와 같은 학자들이 이를 중요시하는 분파에 속한다. 이 효율적 시장 가설의 지지자들은 과학자들이 으레 그렇듯, 가설을 설정하고 이를 실험하여 지식을 축적하고 싶어 한다. 사회 현상을 실험실에서 재현할 수는 없기에 경제학자들은 실험 대신 과거의 데이터를 통해 실증적 분석에 의존한다.

문제는 지금까지 경제학 연구에서는 이런 실증적 분석을 통해 버블의 전조를 짚어낼 지표를 찾아낸 바 없다는 것이다. 파마가 실러에게 제기하는 비판이 이것이다. 그렇게 버블의 존재에 대해 확신하고, 왜 버블이 생겨나는지도 설명할 수 있다면 우리는 왜 항상 붕괴 이후에야 그 존재를 깨닫는 것인가? 버블이 존재한다면 이를 입증하고, 더 나아가 예측할 수 있는 지표도 있어야 하는 것 아닌가?

실러는 이러한 비판을 받아들여 (확정적이지는 않지만) 현재 시장 전반의 가격 수준이 얼마나 고점인지 파악할 수 있는 몇 가지 계량적 지표를 만들었다. 다양한 통계적 기법과 거시 경제 데이터를 조합하여 만든 경기조정주가수익률 즉, '실러 PER'와, 마찬가지로 여러 데이터를 조합하여 만든 주택시장가격지수인 '케이스-실러 주택가격지수'가 그것이다. 이 지표의 신뢰성에 관해서는 학계에서 여전히 논란이 있지만, 전 세계의 많은 투자자와 위정자들은 이를 중요한 지표로 참고하고 있다.

실러는 학계 정론에 정면으로 충돌하면서도 결코 '버블은 존재하며, 나는 이를 예측할 수 있다'는 오만한 주장을 내놓지 않았다. 그는 버블 한가운데에서 시장의 향방을 개인이 예측하는 것은 사실상 불가능하다는 것을 인정한다. 그러면서도 효율적 시장 가설의 지지자들처럼 과학적 연구 방법론에만 국한되지는 않는다. 어쩌면 그는 학문적 엄밀함을 조금 포기하더라도, 현실 세계에 더 충실한 학자이고 싶었던 듯하다.

함께 읽으면 좋은 책

- 《광기, 패닉, 붕괴 금융 위기의 역사》 찰스 P. 킨들버거 · 로버트 Z. 알리버, 굿모닝북스, 2006
- 《투자는 심리게임이다》 앙드레 코스톨라니, 미래의창, 2015

17

폴 크루그먼
《지금 당장 이 불황을 끝내라!》
2012

경제 위기,
원인보다 극복에 집중하라

PAUL KRUGMAN
WINNER OF THE NOBEL PRIZE IN ECONOMICS

END THIS
DEPRESSION
N✹W!

폴 크루그먼(Paul Krugman, 1953~)

뉴욕시립 대학 경제학과 교수. 국제무역론을 전공했고 거시 경제, 거시 금융, 금융 위기 등을 주로 연구했다. 불완전 경쟁 시장에서 국제 무역을 분석하여 무역 이론과 경제 지리학을 통합한 공로를 인정받아 2008년 노벨경제학상을 수상했다. 케인스학파이며 자유 무역론자로 양적 완화를 지지한다.

※ 주요 저서: 《국제경제학》《폴 크루그먼, 좀비와 싸우다》《폴 크루그먼의 지리경제학》

《지금 당장 이 불황을 끝내라!》는 2008년 금융 위기가 일어나고 5년 차인 2012년에 출간됐다. 금융 위기 이후 4년이라는 꽤 긴 시간 동안 대부분의 전문가와 매체는 2008년 금융 위기의 원인을 밝히는 데 주력하고 있었다. 주가가 폭락했고 성장이 멈추었으며 자본 시장이 제대로 작동하지 않고 수많은 기업이 고통받고 있었음에도 불구하고, 전문가들은 서브프라임 모기지, 주택 담보 대출의 증권화, 부동산 버블 등 금융 위기를 야기한 문제들에 대해 열띤 토론을 이어갔다.

금융 위기를 야기한 문제점들을 정확히 파악하고 그 원인을 자세하게 이해하는 것은 물론 중요하다. 이 과정이 중요한 이유는 원인 규명과 이해가 정확해야 제대로 된 처방을 할 수 있기 때문이다. 그런데 2012년까지도 대부분의 전문가는 금융 위기의 원인에 대해 이야기할 뿐 금융 위기로 촉발된 글로벌 경기 침체를 어떻게 해결해야 할지에 대한 직접적인 답변을 내놓지 않았다. 이는 마치 아이가 감기에 걸려 시름시름 앓고 있는데 처방이나 치료하는 대신 아픈 원인이 코로나인지 독감인지를 놓고 갑론을박하는 것과 같았다.

《지금 당장 이 불황을 끝내라!》의 저자 크루그먼은 금융 위기의 '원인'을 밝히는 데 들일 노력을, 금융 위기로 인한 경제 침체를 '해결'

하는 데 들여야 한다고 주장했다. 그리고 이 책은 잘 작동되지 않는 금융 시장으로 인해 세계 각국이 대공황 이래 경험하고 있는 최대의 경제 침체를 종식시키기 위한 크루그먼의 직관적이고도 직접적인 처방을 담은 책이다.

크루그먼은 이 책에서 금융 위기의 원인(과거)에 대한 분석이 아니라 (책이 쓰이던) 당시의 상황을 종합적으로 분석하여 우리가 무엇, 어떻게 해야 경기 침체에서 벗어날 수 있는지 명쾌하게 설명한다. 그리고 이 책이 내리는 처방은 바로 재정 지출 확대다.

크루그먼은 책을 집필하던 당시 미국 경제가 마주하던 경기 침체가 1929년 대공황과 유사하다고 평가한다. 대공황 당시에 경기 부진과 부분적 경기 회복이 반복된 것도 2012년 상황과 비교해 다르지 않다고 진단했다. 그러므로 미국 경제가 침체기를 벗어나기 위해서는 케인스가 제시한 대공황 탈출 전략을 참고할 필요가 있다고 이야기한다.

즉, 미국 정부는 재정 지출을 줄이기보다 오히려 늘려야 한다는 것이다. 높은 실업률과 불완전 고용의 피해를 줄이기 위해 정부가 경기 부양책을 펼쳐야 한다는 케인스의 이론을 적용하면, 현재 수천만 인류가 겪고 있는 경제적 어려움과 고통은 애초부터 겪을 필요가 없다. 그러나 정치적 의지 부족이 회복으로 가는 길목을 가로막고 있다고 비판한다. 이런 맥락에서 크루그먼은 책의 도입부에 다음과 같이 노골적으로 이야기한다.

"본질적으로 우리가 현재의 불황에서 벗어나기 위해 가장 필요한 것은 정부 지출을 또 한 번 폭발적으로 늘리는 것이다. 정말 그렇게 간단할까? 정말 그렇게 쉬울까? 그렇다."

이 책에서 크루그먼은 케인스학파의 리더 중 한 사람답게 그의 지적 멘토인 케인스, 어빙 피셔 그리고 민스키와 경제 위기 탈출에 대한 견해를 함께한다.

◆ ## 양적 완화와 인플레이션을 두려워하지 말라

《지금 당장 이 불황을 끝내라!》는 경제 위기의 비용에 대한 이야기로 시작한다. 크루그먼은 장기 실업이 사람들의 삶과 경제에 막대한 피해를 입힐 수 있음에 주목했다. 그의 논리는 다음과 같다. 일자리가 없으면 사람들은 살 수 없다. 그런데 일자리가 없는 이유는 시장에서 물건을 구매하는 수요가 없기 때문이다. 즉, "실업은 수요 부족에 기인한다." 경제 위기 상황에서 상대적으로 높은 부채에 노출된 개인과 기업들은 소비와 투자를 꺼릴 수밖에 없다. 그러므로 이 상황에서 수요를 창출할 수 있는 경제 주체는 정부밖에 없다. 결국 수요 창출을 위한 실업 극복에 대한 답은 정해져 있다. 다만 정치가 이 해결책을 실행하는 데 걸림돌이 되고 있다.

크루그먼은 이미 잘 알려진 케인스의 주장을 강조한다. "지출이 곧 수입이다." 유례없는 불황을 맞아 인류는 그 해결을 위한 지식과 도구를 이미 가지고 있음에도 불구하고, 불황 탈출을 위한 아무런 행동을 취하지 않은 채 구조적인 문제만 이야기하고 있다. 크루그먼은 부유하고 영향력 있는 사람들에게 불공평한 혜택을 주려는 나쁜 정책이 우리 정치 문화에 강력한 영향을 미치고 있기 때문에 이러한 문제가 나타난다고 비판한다. 경기 침체를 아침이면 사라질 악몽이라고 표현한 크루그먼은 "돈을 풀어라"라고 제언한다.

《지금 당장 이 불황을 끝내라!》는 거시 경제학 교과서의 교훈을 지금의 현실과 연결시키려는 흔치 않은 시도를 한 책이다. 크루그먼은 민스키 모멘트, 소득 불평등, 케인스의 이론, 피셔의 인플레이션 이론 등 굵직한 거시 경제 이론들을 놀랍게도 어렵지 않게 설명하고, 이 이론들로부터 직접적이고 노골적인 함의를 도출한다. 그리고 이러한 함의를 바탕으로 불황을 끝내기 위한 제언을 이끌어낸다.

이 책에서 크루그먼은 오바마 행정부가 추진한 양적 완화 정책은 그 대응 규모가 부족했다고 비판한다. 그는 미국 역사상 가장 큰 일자리 창출 프로그램인 미국 회복 및 재투자법(American Recovery and Reinvestment Act)은 이 위기를 끝내기에 충분하지 않았다고 주장한다. 그리고 완전한 경기 회복을 달성하기 위해 다음 세 가지 정책 변경을 제안했다.

첫째, 정부는 민간 부문이 생산 능력을 최대한 활용하지 못하는 곳에 지출해야 한다. 그리고 경기 회복과 함께 소비자와 기업의 신뢰도가 높아질 것이기 때문에 적자를 두려워할 필요가 없다. 둘째, 중앙은행은 좀 더 공격적인 양적 완화 접근 방식을 취하고, 완만하게 높은 인플레이션을 허용해야 한다. 완만하게 높은 인플레이션은 대출을 더 매력적으로 만들고 부채의 실질 가치를 줄임으로써 도움이 될 수 있다. 셋째, 주택 부채 탕감을 통해 상환 부담을 줄여야 한다.

이처럼 크루그먼은 부채 부담을 줄이기 위해 적당한 인플레이션을 허용하고 주택 부채를 구제하는 정책이 불황을 종식시킬 전략의 일부가 될 수 있다고 주장했다. 그리고 가장 중요한 것은 완전 고용이라는 목표가 달성될 때까지 일자리 창출을 위한 정책을 추진하려는 의지라고 강조했다.

◆ 현재의 경제 정책 방향과 배치되는 이야기이지만...

2008년 금융 위기 이후 15년이 흐른 지금, 애석하게도 인류는 아직도 금융 위기가 가져온 경제 침체에서 벗어나지 못하고 있다. 그렇기에 2023년을 사는 우리도 이 책을 다시 읽어보고 싶은 유혹을 받는다. 우리는 정말 경제 침체에서 벗어날 수 있을까?

그런데 이 책에는 한 가지 문제가 있다. 현재 우리가 취하고 있는 경제 정책과 이 책이 제시하는 정책이 완전히 반대라는 것이다. 우리는 지금 금리를 올리고 시중의 유동성을 줄여가며 인플레이션과 전쟁을 벌이고 있다.

당연하게도 《지금 당장 이 불황을 끝내라!》는 출간 이후 많은 비판을 받았다. 법경제학의 대가인 리처드 포스너는 (크루그먼의 주장과는 달리) 실업을 줄이기 위한 가장 간단하고 직관적인 정책은 최저 임금 인하라고 지적했다. 최저 임금을 낮추면 인건비가 줄고 더 많은 노동력에 대한 수요가 생기기 때문이다. 최저 임금 인하가 일부 사람들의 소득에 부정적인 영향을 미치더라도 생산 증가로 인해 고용에 미치는 최종 효과는 긍정적일 수밖에 없다고 포스너는 주장했다. 또 포스너는 장기 및 높은 실업 수당 및 기타 보조금 프로그램이 실업자들의 구직을 방해한다는 점을 지적하며 크루그먼을 비판했다.

시카고 대학 경제학과 교수이자 1992년 노벨경제학상 수상자인 게리 베커는 실업률 감소가 노동력 감소의 결과일 수 있기 때문에, 중앙은행은 낮은 실업률이 아닌 완전 고용을 정책의 목표로 삼아야 한다는 크루그먼과 전면으로 배치되는 주장을 했다. 2012년, 베커는 금융 위기 이후 지난 4년간 보조금, 실업 수당, 무료 식량 지원 등 수많은 복지 프로그램이 크게 확대됐고, 그 결과 사회 구성원들은 노동 시장을 떠나 일하지 않거나 정규직이 아닌 파트타임 아르바이트를 받아들이게 됐다고 분석했다. 이러한 확장 정책이 계속되는 한 완전 고용을 달성하기 위한 연준의 저금리 정책은 작동하지 않을 것이며 과도한 인플레이션의 위험을 안고 있다고 지적했다. 그리고 베커의 지적은 10년 뒤인 2022년, 현실이 되었다.

결과적으로 크루그먼은 2022년 7월 21일 〈뉴욕 타임스〉에 자신의 인플레이션에 대한 예측이 틀렸다고 사과하는 기고문을 올렸다. 그는 2021년 조 바이든 대통령이 코로나19 대책으로 마련한 경기 부양책에 대해, 대규모 재정 지출에도 물가가 크게 뛰지 않을 것이라고 내다보았다. 이는 가계는 소비보다 저축할 가능성이 높고, 주 정부와 지방 정부가 재원을 점진적으로 사용해 시중 통화량이 급증하지 않을 것이라는 이유에서였다. 기본적으로 《지금 당장 이 불황을 끝내라!》에서 한 주장과 크게 다르지 않다.

그러나 2022년 미국은 결과적으로 41년 만에 최악의 인플레이션에 시달렸다. 이에 크루그먼은 "2008년 글로벌 금융 위기 당시 과거의 경제 모델들이 들어맞았기 때문에 이번에도 과거 모델을 적용했다"라며 "하지만 코로나19가 만든 새로운 세상에서는 안전한 예측이 아니었다"라고 시인했다.

그렇다면 크루그먼과 그의 책 《지금 당장 이 불황을 끝내라!》에서 한 말은 결과적으로 틀린 것일까? 꼭 그렇게만 볼 수는 없다. 크루그먼의 주장은 충분히 합리적이기 때문이다. 또 "결과적으로"라는 말 또한 2023년 현재 기준이다. 미래에는 시점이 바뀐다. 그러므로 미래의 승자가 누가 될지는 아무도 알 수 없다.

4장

부의 흐름을
보여주는
경제학 고전

18

밀턴 프리드먼
《자본주의와 자유》
1962

스태그플레이션을
정확히 예측하다

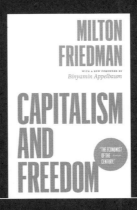

밀턴 프리드먼(Milton Friedman, 1912~2006)

"부패란 정부가 시장 효율성에 규제로서 개입하는 것을 의미한다"라는 말을 남긴 시카고학파의 거장. '통화주의의 대부', '자유 시장 경제의 수호자', '1970년대 이후 주류 경제학에 가장 많은 영향을 끼친 학자' 등 그를 설명하는 문장들은 하나같이 대단하다. 역사상 가장 유명한 그리고 가장 영향력 있는 (그러므로 이 책의 독자라면 꼭 기억해야 할) 경제학자 중 한 명이다.

※ 주요 저서: 《선택할 자유》《화폐 경제학》

《자본주의와 자유》가 쓰인 1962년 세계 경제 정책은 사실상 케인스에 의해 만들어졌다고 해도 과언이 아니다. 케인스학파는 경제에 존재하는 전체적인 수요가 경제를 이끌어가는 중요한 요인이라고 생각했다. 이러한 관점에서 1920년 말 대공황이 발생했을 때, 미국과 영국 정부는 소비를 증가시킬 만한 정부 정책을 적극적으로 펼쳤다. 케인스의 주장은 전 세계가 대공황에서 벗어나도록 해주었다. 기념비적인 성과를 바탕으로 시장에 적극적으로 개입하는 큰 정부는 이후 전 세계적인 추세가 됐다.

케인스학파의 이론은 제2차 세계대전 이후 20여 년간 전 세계를 지배했다. 핵가족이 나타났고 서비스업이 제조업을 처음으로 능가했다. 인구가 증가하고 소득이 늘었다. 미국의 국내총생산은 1940년에 2,000억 달러, 1950년에 3,000억 달러, 1960년에 5,000억 달러로 기하급수적으로 늘었다. 당연히 소비도 늘었다. 일례로 1945년 미국에는 8개의 쇼핑센터가 있었는데, 1960년에는 3,840개로 늘었다. 1950년대 인류는, 아니 미국과 유럽은 가파른 소비 증가를 통해 눈부신 경제 성장을 이뤄냈다. 케인스학파는 옳았다. 아니, 옳은 것처럼 보였다.

풍요롭고 만족스러운 1950년대와 1960년대 초를 보낸 미국인들은 정치적, 국제적 그리고 경제적으로 대변화를 겪는다. 1960년대 미국은 케네디 대통령의 임기(1961~1963년)를 시작으로 전 세계에 적극적으로 영향력을 행사한다. 베트남 전쟁에 참여했고 소련과 우주 개발 경쟁을 시작했다. 이에 더해 케네디 대통령의 후임인 린든 존슨 대통령은 대중에게 경제적 혜택을 주는 '그레이트 소사이어티(Great Society)' 정책을 실행했고, 의료 보험, 푸드 스탬프, 교육 사업과 같은 새로운 복지 정책들은 연방 정부에게 지출을 강제했다.

늘어난 정부 지출로 인해 단기적으로는 경제가 성장하는 듯 보일 수 있으나 장기적으로는 인플레이션이 발생한다. 1960년대 초, 큰 정부 정책으로 인해 인류는 1960년대부터 그 대가를 지불해야 했다. 전 세계가 인플레이션 위협에 직면했기 때문이다. 당시 어떤 정책 입안자도 높아지는 인플레이션에 대응할 준비가 돼 있지 않았다. 이로 인해 1970년대 초, 경제가 불황인데도 물가는 상승하는 스태그플레이션이 찾아왔다.

일반적으로 인플레이션과 경제 침체는 반대로 일어난다. 즉, 인플레이션은 경제 성장을 가져오고 인플레이션을 억제하면 경제 침체가 일어난다는 의미로, 인플레이션과 경제 침체는 동시에 일어나지 않는다. 1960년대까지 세계 경제 정책은 둘 사이의 배타적 관계를 바탕으로 만들어졌는데, 1970년대에 이 공식이 깨진 것이다. 그것도 수년간.

경기 침체가 인플레이션과 공존하는 생소한 상황. 1962년에 출간한 책을 통해 이 상황을 정확히 예측한 이가 있었으니, 그가 바로 밀턴 프리드먼이다. 바야흐로 케인스의 시대가 가고 신자유주의학파, 시카고학파의 세계가 도래한 것이다.

◆ 자본주의와 자유
vs. 국가의 역할

《자본주의와 자유》의 서론은 특별하고 중요하다. 프리드먼은 서론에서 국가와 정부의 차이 그리고 더 나아가 자본주의와 자유주의의 관계까지, 책 전체를 관통하는 개념들에 대해 정의를 내린다. 그리고 이에 대한 자신의 견해와 정책적, 철학적 방향성을 제시한다.

　　책의 전반부에서는 화폐, 금융 그리고 재정 정책을 중심으로 프리드먼의 핵심 주장을 담고 있다. 그리고 책의 후반부에서는 자유주의적 시각에서 잘못됐다고 생각되는 정책들을 하나씩 짚어가며 대안을 제시한다. 여기서는 책의 큰 흐름을 담고 있는 (전반부인 서론부터 2장까지) 내용을 중심으로 프리드먼의 《자본주의와 자유》를 소개할 것이다.

　　프리드먼은 '자유'라는 개념을 정책적 관점에서 파헤친다. 그는 정치적 자유가 경제적 자유로부터 파생돼 나온다고 주장한다. 자본주의는 자유 시장을 만들어냈고, 자유 시장의 발전으로 인해 많은 민간 기업, 가계의 집합체인 '시장'은 기업과 화폐라는 매개체를 이용하여 정치 권력을 견제할 힘을 가질 수 있었다.

　　예를 들어 미국의 주요 문화 중심지인 할리우드가 만들어진 초창기에 공산주의 사상을 전파한다는 이유로 블랙 리스트가 만들어졌다. 이 리스트에 이름을 올린 예술인들은 작품 활동이 제한됐지만, 미국의 영화 시장은 이 중 일부 배우를 경제적 이유(흥행성과 인기)로 작품에 출연시키면서, 결과적으로 배우들을 보호하는 역할을 했다고 한다. 프리드먼은 시장은 인격이 없다는 점을 강조한다. 수요와 공급에 의한 경제적 동기만이 있을 뿐이다. 시장의 비인격적인 성격이 할리우드 시장 참여자들을 정치적인 제약으로부터 해방시킬 수 있었다.

이렇듯 시장은 여러 개인의 욕구가 얽혀 있다. 시장의 논리는 인간의 삶 대부분 영역에 적용된다. 시장은 여러 개인이 자신의 이익을 위해 최선을 다하기 때문에 매우 능동적이고 유연하며 효율적이다. 이에 반해 정치와 정책은 시장보다 경직돼 있다. 효율성을 추구하기 위해 반대 입장인 사람들에게 순응을 요구한다. 이런 관점에서 시장은 자유를 추구하는 데 적합하다.

그런데 정부는 외부 효과나 독점과 같은 시장 실패를 근거로 규칙을 만들고 이를 시장에 강제한다. 프리드먼은 정부의 심판 역할을 두 가지, 즉 재산권과 통화 제도에 한해 국한해야 한다고 주장한다. 정부가 이 외의 영역에서 시장에 간섭하는 것은 자유 보전에 독이 되기 때문에, 시장 개입에 앞서 정부는 사회적 비용과 효용을 엄밀히 따져보아야 한다고 말한다. 예를 들어 온정주의적 시각에서 어린아이나 장애인들을 돕는 정책은 필요하다. 그러나 정부가 시장의 효율성을 높이기 위한 목적으로 개입해야 한다는 케인스적 관점에는 동의하지 않는다는 것이 주장의 요지다.

그는 이어서 화폐 통제, 금융, 무역, 재정 정책, 교육의 관점에서 정부의 역할에 대해 논의한다. 여기서 프리드먼은 정부의 역할은 통화 제도 체계를 만들고 규제하는 데 그쳐야 한다고 주장한다. 그는 통화를 규제하는 데 가장 이상적인 방법이란 통화 정책 운용을 법제화하는 것이라고 말한다. 즉, 통화 체계 전체를 보고 큰 흐름 속에서 시장이 예측 가능한 통화 정책을 운용해야 한다는 의미다. 프리드먼은 예측 가능성을 매우 중요하게 여겼다. 그리고 이어지는 내용을 통해 대공황이 발생했을 때 연방 준비 제도가 적절한 시기에 통화 유동성을 조절하지 못하여 경제를 더욱 악화시켰다고 주장하면서, 맥락적으로 스태그플레이션의 가능성을 제시하기도 했다.

　　프리드먼은 위와 같은 견해를 금융, 무역, 재정 정책, 교육에도 일관되게 적용했다. 예를 들어 국제 금융 시장에서 정부는 고정 환율제를 지양하고 환율의 흐름을 맡겨야 한다고 했다. 또 금 보유고를 점진적으로 없애고 관세를 철폐해야 한다고도 했다. 교육도 마찬가지다. 정부는 교육에 개입할 때 외부 효과를 해결하거나 사회적 약자를 보호하는 정도에 그쳐야 한다고 주장했다.

◆　　　　　　　　## 시카고학파와 프리드먼의
　　　　　　　　## 세상이 도래하다

《자본주의와 자유》는 20세기 가장 영향력 있는 경제학자로 평가받는 밀턴 프리드먼의 대표작이다. 1980~1990년대 미국, 더 나아가 전 세계의 통화 정책과 신자유주의 경제 정책을 논할 때 이 책을 빼고는 이야기가 성립되지 않는다.

그러나 1962년《자본주의와 자유》가 출간된 당시에는 반응이 냉랭하기 그지없었다. 프리드먼의《자본주의와 자유》는 비판은커녕 주요 언론사에서 다루어지지조차 못했다. 당시 주류 경제학이던 케인스주의를 정면으로 반박했기 때문이다.

앞서 언급했듯 프리드먼이 이 책에서 예측한 스태그플레이션은 1970년대에 실제로 발생했다. 케인스학파가 주장한 물가 안정과 고용 증진 사이에서 균형을 맞추어야 하는 정부의 역할은, 물가 안정과 실업률이 동시에 정부의 통제를 벗어나 버리자 무의미해졌다. 그리고 신자유주의와 프리드먼의 세상이 도래했다.

이 책의 주장에 따라 1971년 미국은 고정 환율제를 폐기했고, 1973년 징병제를 모병제로 전환했다. 1976년 프리드먼은 이 책에서 다룬, 인플레이션에서 통화의 역할, 대공황 당시 연준의 역할, 실업률과 인플레이션 사이의 관계에 대한 연구를 인정받아 노벨경제학상을 수상했다.

1980년 프리드먼은 PBS 방송사와 손잡고 이 책을 더 쉽게 설명한 〈선택할 자유〉라는 10부작 다큐멘터리를 만들었고, 이 다큐멘터리의 대본을 동명의 책으로 출간하기도 했다. 다큐멘터리에 힘입어《자본주의와 자유》의 후속작인《선택할 자유》는 선풍적인 인기를 끌었다. 14개 국어로 번역됐고, 윤석열 대통령도 취임사에서 가장 감명 깊게 읽은 책으로 이 책을 꼽았다. 프리드먼이 신자유주의 경제학의 대표 학자로 자리매김한 것이다.

미국에서는 레이건 행정부가, 영국에서는 대처 행정부가 프리드먼의 주장을 케인스주의의 대안이자 스태그플레이션의 해결 방안으로 받아들였다. 이 시점에서 프리드먼이 이끄는 신자유주의는 주류 경제학이 됐다.

《자본주의와 자유》에는 저자의 통찰이 돋보이는 훌륭한 문구들이 숨 쉬듯 여기저기 널려 있다. 경제 정책의 방향성이나 자유 민주주의에 대해 진지하게 고민하는 독자라면 책을 정독해보기를 추천한다.

함께 읽으면 좋은 책

- 《**미국 자본주의의 역사**》 앨런 그린스펀 · 에이드리언 울드리지, 세종서적, 2020
- 《**선택할 자유**》 밀턴 프리드먼 · 로즈 프리드먼, 자유기업원, 2022

19

버턴 말킬
《랜덤워크 투자수업》
1973

평범한 투자자들을 위한
필승 투자법

버턴 말킬(Burton Malkiel, 1932~)

미국의 경제학자이자 사업가. 효율적 시장 가설의 대표적인 지지자이며, 이를 바탕으로 한 투자에 대한 저술로 유명해졌다. 말킬은 최초로 인덱스 펀드를 투자자들에게 선보인 미국의 자산 운용사 뱅가드의 이사로 28년간 재직했으며, 꾸준히 보통의 사람을 위한 합리적 투자 지침을 설파했다.

※ 주요 저서: 《지혜롭게 투자한다는 것》

사람들이 재테크를 하는 목적은 다양하다. 그중 가장 건전하고 기본적인 이유를 꼽자면 첫째, 인플레이션에 의해 내 재산이 점점 잠식당하는 것을 막기 위해서 둘째, 은퇴 이후의 삶을 준비하기 위해서 셋째, 월급으로 다달이 살아가는 것을 넘어 재정적 안정과 자립을 달성하기 위해서다.

문제는 어떻게 투자해야 할 것인가다. 어떤 자산에 얼마나 어떤 전략으로 투자할 것인가에 대한 고민은 21세기에 들어 생겨난 것이 아니다. 1604년 네덜란드에서 처음 주식회사가 생겨난 때부터, 사람들은 투자 수익을 노리고 증시에 뛰어들었다.

안타깝게도 증시의 역사는 현재에 이르기까지 광풍과 폭락의 반복으로 점철됐다. 1929년 대공황, 2001년 닷컴 버블 붕괴, 2008년 서브프라임 모기지 사태 등 사람들은 이번엔 다르다고, 자신은 예외라고 믿었지만 위기를 피하지 못했다. 많은 이가 평생 모은 은퇴 자금을 날리거나 막대한 빚에 떠밀려 거리에 나앉았다.

이런 혼란 속에서 으레 그랬듯 많은 '전문가'는 주식에, 외환에, 암호자산에 자기 말대로만 투자하면 억만장자가 될 수 있다고 끊임없이 속삭인다. 그렇다면 정말로 전문가에게 돈을 맡기면 혹은 그들의 비법을 철저히 배우고 따른다면 정말 성공한 투자자가 될 수 있는 것일까?

자신감에 찬 전문가들의 홍보 문구가 무색하게도, 지난 100년간 실제 성과를 돌이켜보면 전문가들은 조금의 과장도 없이 원숭이만도 못한 경우가 많았다. 수십 년의 업력을 지닌 전문가의 말을 따르는 것보다, 오히려 원숭이가 무작위로 돌림판에서 고른 주식의 수익률이 높거나 적어도 엇비슷하다는 것이다.

그 이유는 효율적 시장 가설에 있다. 효율적 시장 가설에 따르면, 앞으로 주가가 어떻게 움직일 것이라는 정보는 이미 가격에 반영됐기 때문에 과거의 가격 변화를 설명할지언정 미래는 전혀 알 수 없다. 즉, 전문가 펀드 매니저들이 아무리 날고 기어 봤자 시장 전체의 수익률을 계속해서 이길 확률은 드물다. 또 한 해 탁월한 실적을 기록한 이가 그다음 해에도 앞서 나갈 가능성도 전혀 없다는 것이 통계로 드러났다.

이에 착안하여 1976년 뱅가드의 존 보글은 개인 투자자를 위한 인덱스 펀드*를 출시했다. 많은 전문가는 어처구니가 없는 상품이라며 비아냥거렸지만, 도태된 것은 그들이었다. 인덱스 펀드는 여태까지 남아 출중한 성과를 자랑한다. 그리고 이 인덱스 펀드가 '어떻게 투자해야 하는가?'라는 질문에 대한 말킬의 대답이다. 그는 《랜덤워크 투자수업》에서 평범한 이들을 위한 필승 투자 방법을 설파한다.

● 증권 시장의 장기적 성장 추세를 전제로, 주가 지표의 움직임에 연동되게 포트폴리오를 구성하여 운용하는 펀드.

장기적으로 시장의 흐름은
예측할 수 있다

많은 투자 전략이 존재하지만, 궁극적으로 투자자들을 두 부류로 나눈다. 하나는 '랜덤워크'를 믿는 사람들로, 시장이 어느 방향으로 튈지 모른다는 이들이다. 시장이 어디로 튈지 알 수 있다면, 아직 시장에 알려지지 못한 중요한 정보가 있다는 뜻이다. 그러나 수많은 눈이 지켜보는 시장은 모든 정보를 즉시 효율적으로 소화해버린다. 이 때문에 앞으로의 주가 방향은 무작위, 그러니까 사전에 절대 알 수 없다.

반대로 정교하고 철저한 투자 전략을 통해 남들을 꾸준히 앞지르는 수익을 낼 수 있다고 믿는 부류도 있다. 이들 '전략가'들은 다시 두 부류로 나뉘는데, 하나는 '기술적 분석'을 추구하는 이들이다. 수많은 커다란 화면에 주가의 움직임을 나타내는 차트를 띄워 놓고, 차트의 모양이나 이동 평균, 피보나치 수열을 통해 변동폭 분석 등을 하는 사람들이다. 다른 하나는 '펀더멘털', 즉 기업의 내재적 특성을 분석하는 이들이다. 주식 가격 뒤에 숨겨진 기업의 진짜 가치를 찾아내기 위해 재무 정보와 시장 동향을 면밀히 분석한다.

각자 복잡한 이론 체계와 강렬한 믿음을 갖고 있지만, 이들 중 누구도 시장 수익률을 능가하는 성과를 지속해서 내지 못한다. 기술적 분석가들은 자신들이 구사하는 테크닉이 과거 데이터나 심리학적 연구에 의해 검증됐다고 말하지만, 이는 논리적으로나 실증적으로 어불성설이다. 기술적 분석에 의존하는 것은 마치 카지노에서 어떤 패턴이 등장하기를 기대하는 것과 다름없다.

만약 차트의 모양이 미래 주가를 암시한다면 이는 즉시 반영돼 미래가 아닌 과거의 이야기가 돼버릴 것이다. 또 압도적 다수의 연구 결과가 차트 분석 테크닉의 실효성을 부정한다. 게다가 기업의 인수 합병 발표, 신제품 소식 등은 과거 차트의 모양과 관계없이 무작위의 시간에 공표된다. 차트만 봐서는 기업의 어떤 정보가 언제 튀어나올지 모르는데도 미래를 예측할 수 있기를 기대하는 것이다. 결국 이들 '차티스트'들의 의견은 증시를 바라보는 사람들의 조급한 마음을 재촉해 매매를 부추기고, 여기서 수수료를 뜯어먹는 증권사의 배를 불리는 쓰임밖에 없다.

그렇다면 '펀더멘털리스트'들의 사정은 다를까? 이들도 시장의 무작위함 앞에서 무기력하다. 투자자 입장에서 기업에 대한 철저한 분석을 내놓는 전문가들이 사실은 보기보다 무능하다는 것은 받아들이기란 썩 유쾌한 사실은 아니다. 나의 주치의가 암 초기 증세를, 나의 자동차 정비사가 치명적인 안전 결함을 놓치는 것은 상상만 해도 오싹한 일이니 말이다. 안타깝게도 기업 분석 전문가들이 딱 이런 꼴이다.

이들이 오류를 범하는 이유는 크게 두 가지로 축약할 수 있다. 첫 번째는 애널리스트의 무력함이다. 그들은 기업의 미래 실적을 예측하려고 애쓰지만, 갑작스러운 국제 정세 변화, 불리한 제도의 입법, 혁신적인 신기술의 등장 등 돌발 사건을 주가 예측에 모두 반영할 수는 없다. 또 기업들은 적극적으로 자신에게 불리한 정보를 숨기려고 든다. 이러한 기만행위를 단속하기 위해 제도가 많이 발전했지만, 외부자인 애널리스트는 태생적으로 불리한 싸움을 할 수밖에 없다. 마지막으로 그리고 무엇보다도 애널리스트 본인의 편향 때문이다. 아무리 뛰어난 식견을 가진 전문가도 결국 인간일 뿐이다.

두 번째 이유는 환경적인 이유다. 애널리스트는 정확하고 편파적이지 않은 분석을 내놓고 싶지만, 비즈니스 환경이 이를 허락하지 않는다. 현대에 들어 증권사의 가장 큰 수입원은 고객 기업의 주식이나 채권을 발행해주는 역할이 됐는데, 만약 애널리스트가 고객 기업에 부정적인 전망을 낸다면 증권사는 스스로 발등을 찍는 꼴이 될 것이다. 이 탓에 애널리스트들은 기업에 문제가 많다는 것을 알면서도 긍정적인 전망을 내놓는다.

따라서 차티스트와 펀더멘털리스트, 두 부류의 전문가 모두 시장 수익률을 이기지 못한다는 것이 정설이다. 물론 수천만, 수억의 투자자 중 일부는 전설적인 구루가 돼 이름을 날릴 수도 있다. 그러나 이는 결국 확률적으로 발생할 수밖에 없는 희박한 가능성의 승자일 뿐이다. 동전을 던져 다섯 번 다 앞면이 나오기는 어렵지만, 100명, 1,000명이 던진다면 한 명쯤은 '기적'이 발생할 수 있기 때문이다.

그렇다면 투자는 한 치 앞을 예측할 수 없는 도박인 것인가? 말킬에 따르면 그렇다. 그러나 한 치 앞이 아닌 저 멀리는 충분히 자신감을 갖고 내다볼 수 있다. 단기간의 주가 움직임은 예측하기 어렵지만, 데이터를 종합해보면 시장 전체는 꾸준히 조금씩 상승하는 경향을 나타낸다. 그리고 말킬이 말하는 확실한 성공 방법이 이것이다. 짧은 기간 그리고 한 기업의 향방은 내다보기 어렵지만 시장 전체의 장기적 트렌드는 우상향하니 이 흐름에 올라타라는 것이다.

물론 시장 수익률을 따라가는 것이 '투자 비법'을 따르는 것처럼 흥분되지는 않을 것이다. 위험한 투자 전략을 실행하면 한 번쯤은 이웃이 배가 아플 수준의 이익을 낼 수 있기 때문이다. 그러나 말킬은 '복리의 힘'을 강조한다. 설령 연간 한 자릿수의 수익률일지라도, 꾸준히 긴 시간 투자한다면 천문학적인 이익을 낼 수 있기 때문이다.

이에 더해 그는 분산 투자를 강조한다. 한 바구니에 계란을 다 담으면 큰 이익을 볼 수도 있지만 동시에 커다란 손실을 입을 수도 있다. 분산 투자를 통해 위험을 줄이고, 장기적으로 확실한 성공에 기대야 한다. 이러한 분산은 어떤 자산을 사느냐뿐 아니라, 언제 사느냐도 해당된다. 여러 자산에 돈을 분산하는 것은 물론 마치 저축을 하듯 긴 기간에 걸쳐 차근차근 투자금을 늘리는 적립식 투자도 필수적이라고 말킬은 말한다.

이 외에도 《랜덤워크 투자수업》은 위의 핵심 원칙을 필두로 한 많은 구체적인 지침을 포함한다. 이렇게 총체적인 가이드라인이 나왔으니, 이 책을 읽은 모든 투자자가 성공했을까? 애석하게도 그것은 아니다. 합리적인 장기 투자자가 되겠다고 다짐한 많은 이도 순간의 감정, 욕심 혹은 자만에 휘둘렸기 때문이다. 말킬의 역할은 탄탄한 근거를 바탕으로 한 전략을 내놓는 데 그친다. 자신을 파악하고, 통제하여 성공한 투자자가 되는 것은 여전히 독자의 몫으로 남아 있다.

금융 경제학의
투자자들을 위한 교과서

《랜덤워크 투자수업》은 투자자들을 위한 교과서라고 할 만하다. 이 책은 1973년 처음 초판이 출간된 후, 2020년까지 150만 부가 팔리기까지 12번의 개정을 거쳤다. 반백 년의 기간 동안 수많은 버블의 형성과 붕괴가 있었고, 새로운 재무 금융 개념도 나타났기 때문이다.

그러나 개정을 거치면서도 말킬의 핵심 논지는 변하지 않았다. 오히려 그의 주장을 방증하는 긴 시간의 데이터가 쌓이며 《랜덤워크 투자수업》의 교훈의 신빙성은 더 높아져만 가고 있다. 이것이 50년이나 전에 쓰인 책이 아직도 현실에 바로 응용할 수 있는 지침서인 동시에 고전의 지위를 유지하는 비결이다.

안타까운 점은 한 차례의 광풍과 폭락을 겪고 나면 사람들이 오히려 반대의 교훈을 얻는 것처럼 보인다는 것이다. 한참 증시가 상승할 때는 앞으로의 미래가 얼마나 밝은지에 대해 긍정적인 전망을 하고, 이번 상승장은 투기 심리가 아니라 탄탄한 실물 경기를 바탕으로 한 것이라며 정당화한다. 반대로 하락장에서는 시장은 효율적이지 않으며, 저점과 고점이 언제 올 것인지 정교한 예측을 통해 맞추는 수밖에 없다고 말한다. 당연히 2023년 현재에 쉽게 접할 수 있는 '전문가 의견'들은 새로운 것이 아니며 꾸준히 있어 왔다. 그러나 역사는 합리적인 장기 분산 투자가 최고의 전략임을 계속 증명해왔다. 그렇기에 《랜덤워크 투자수업》의 교훈은 여전하다. 성공한 투자자가 되는 확실한 비결은 시간과 참을성이라는 것이다.

20

조지 소로스
《금융의 연금술》
1987

세계에서 가장 성공한 투자자가
바라본 금융 시장

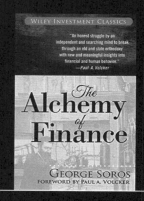

조지 소로스(George Soros, 1930~)

헝가리계 미국인 투자자이자 자선 사업가. 1992년 영국 파운드화를 공매도하여 '영란은
행을 이긴 사나이'로 불리는 등 헤지펀드를 운용하며 얻은 천문학적인 수익은 그를 금융
계의 전설로 만들었다. 은퇴 이후 자유 민주주의와 인권 운동을 후원하는 '오픈소사이어
티재단'에 35조 원 이상을 기부하며 자선 활동에 힘쓰고 있다.

※ 주요 저서: 《소로스가 말하는 소로스》 《세계 자본주의의 위기》

나는 금융 경제학 석사 과정 중에 《금융의 연금술》을 처음으로 접했다. 곧 투자 은행에서 일할 생각이었기에 소로스의 책을 읽지 않을 수 없었다. 23세의 젊은 투자 은행 지망생에게 소로스는 롤모델이자 우상이었다. 그는 어떻게 저렇게 성공할 수 있었을까? 미친 듯이 알고 싶었다.

조지 소로스는 유명한 경제학자는 아니지만, 투자에 관심 있는 이들에게는 오히려 이 책에 나오는 경제학자들보다 더 친숙한 이름일 가능성이 크다. 그는 워런 버핏, 피터 린치 등 쟁쟁한 대가들과 더불어 가장 성공적인 금융인 중 한 명이다.

인터넷에서 그에 대한 정보를 찾다 보면 극단적인 견해를 마주한다. 한쪽에서는 소로스가 위대한 투자자이자 통찰력 있는 현자이며, 축적한 부의 절대다수를 기부한 박애주의자라고 부른다. 반대쪽에서는 그가 금전적 이익을 위해 수많은 나라의 경제를 파국으로 몰아간 원흉이라며, 심지어는 각양각색의 음모론에서 항상 악역으로 등장시킨다.

이렇게 평가가 갈리는 이유는 (과장을 좀 보태자면) 소로스가 위인전에 나오는 정복자와 같은 인물이기 때문이 아닐까 싶다. 위인전 속

정복자들은 시련을 딛고 커다란 업적을 세워 역사에 족적을 남기지만, 그 영광을 위해 평범한 사람으로서 전쟁과 같은 고난을 겪어야 하는 것처럼 말이다. 유태인인 소로스는 나치 치하의 헝가리에서 박해받으며 자랐지만, 그의 비판자들조차 인정할 수밖에 없는 대단한 능력으로 세계적인 투자자가 됐다. 동시에 그에게 엄청난 수익을 벌어다 준 투자 전략은 영국과 태국, 말레이시아 등 수많은 나라의 경제 위기를 심화시켰다. 도덕적 가치 판단은 잠시 보류하고, 도대체 어떤 능력을 가졌기에 단 한 사람이 이렇게 큰 명성과 악명을 떨칠 수 있는 것일까?

소로스는 지금까지도 경제, 재무학계는 물론 금융업계까지 정설로 받아들이는 대전제, '효율적 시장 가설'에 도전했다. 효율적 시장 가설이란 쉽게 말해 시장 가격이 알려진 모든 정보를 다 반영하고 있다는 뜻이다. 예를 들어 주식 투자자가 'A기업의 내년 실적이 대박을 칠 것이다'라는 정보를 입수했다면 그는 이미 늦은 것이다. 심지어 그 정보가 100% 사실일지라도 말이다. 왜냐하면 그 정보는 이미 공개됐고, 시장은 이를 반영한 가격으로 벌써 움직였기 때문이다. 시장이 정말로 효율적이라면 투자자들은 (행운을 제외하면) 결코 시장 수익률보다 더 돈을 벌 수 없다는 뜻이다.

업계와 학계에서는 시장이 완벽하지는 않아도 상당히 효율적이라고 믿지만, 소로스는 그렇지 않다는 입장의 산 증인이다. 1970년대 미국 증시가 10년 동안 고작 47% 상승할 때, 소로스의 퀀텀 펀드는 4,200%의 수익률을 기록했다. 1970년 400만 달러로 시작한 그의 펀드는 2010년까지 320억 달러가 넘는 수익을 벌어들였다.

물론 소로스가 단 한 번의 투자 손실 없이 꾸준히 돈을 벌어들인 것은 아니다. 그 또한 천문학적인 금액을 단번에 날린 바 있다. 그러나 소로스의 업력을 펼쳐놓았을 때, 정말로 놀라운 점은 마치 그가 증시의 광풍과 폭락이 일어나는 시점을 정확히 내다보는 능력을 가진 듯하다는 점이다. 도대체 어떤 통찰을 가졌기에 이것이 가능한가? 소로스는 《금융의 연금술》에서 경제와 투자는 물론 자신이 세상을 바라보는 관점을 풀어낸다.

◆ **시장은 결코 효율적이지도,
안정적이지도 않다**

《금융의 연금술》은 총 6개 장으로 이루어져 있다. (한글 번역본 기준) 2장인 '이론'과 3장인 '역사적 전망'은 소로스가 생각하는 금융과 금융 시장에 대한 이야기다. 학자가 아닌 현존하는 가장 공격적인 펀드 매니저 중 한 명인 소로스가 쓴 글이라고 하기에 그 내용이 너무나 철학적이고 현학적이다. 그가 철학을 전공했던 런던정치경제 대학(이하 런던정경 대학) 재학 시절, 반증주의로 유명한 칼 포퍼에게 논문 지도를 받았다고 하는데 그 영향 때문일까 하는 생각이 들 정도다.

이 책을 처음 읽었던 20대 초반에는 3장이 그나마 읽을 만했으나 2장은 그다지 흥미를 끌지 못했다. 그에 반해 4장은 너무나도 재미있었다. 장 제목이 '소로스의 매매 일지'다. 어떻게 재미있지 않을 수 있겠는가! 4장을 정신없이 읽고 나면 5장인 '평가'와 6장인 '처방'은 아주 쉽게 읽힌다.

　재미있는 것은 처음 이 책을 접한 지 20년이 지나 40대가 된 지금《금융의 연금술》을 다시 읽으니, 2장이 가장 중요한 내용을 다루고 있다고 느껴지고 3장이 가장 흥미롭게 읽혔다. 또 모든 독자에게 권할 만한 책은 아니지만, 금융과 투자에 관심이 있다면 두세 번 읽어 볼 것을 권하고 싶다.

　일반적으로 사람들은 가격이 곧 가치라고 믿는다. 즉, 주식 가격은 기업의 실제 가치에 수렴하거나, 적어도 알려진 모든 정보를 종합한 예측치라는 것이다. 따라서 많은 투자자가 기업의 향방이 주가를 좌우한다고 믿는다. 얼핏 보면 당연해 보이지만, 소로스는 사람들이 중요한 것을 간과하고 있다고 말한다. 바로 주가의 움직임에 따라 기업의 향방이 달라질 수도 있다는 것이다. 인간은 현실을 인식하고 판단을 내리지만, 인간의 판단에 따라 현실 또한 바뀌기 때문이다. 이렇게 닭이 먼저냐, 달걀이 먼저냐는 식으로 시장과 시장 참여자가 서로 영향을 주고받는 관계에 놓여 있다는 것을 소로스는 '재귀 이론'이라고 부른다.

　언뜻 보기에 철학적 수사에 불과한 것 같은 이 재귀 이론이 투자에 미치는 영향은 무엇일까? 소로스에 따르면, 시장에 대한 기대가 시장을 움직이고, 시장의 움직임이 다시 시장에 대한 기대를 형성한다. 예를 들어 투자자들이 A기업의 주가가 오를 것이라 예상하고 주식을 사면, A기업의 주가는 오른다. 그 회사가 갑자기 미래 전망이 더 밝아져서가 아니라, 투자자들이 주가가 오른다고 믿었기에 실제로 오른다는 것이다.

이렇게 스스로 실현하는 예언처럼 움직이는 주가는 결코 기업의 실제 가치에 근접할 수 없다. 되려 오른다는 전망이 만들어낸 상승이 다시 낙관적인 기대를 유발하며 주가는 계속 상승한다. 그러다가 어떤 임계점을 넘는 순간, 투자자들은 이젠 증시가 내려갈 것이라고 예측하기 시작한다. 그 순간을 변곡점으로 투자자들은 이번에는 주가가 하락한다는 예언을 스스로 실현시킨다. 그 사이 기업의 진실된 가치에는 큰 변화가 없더라도 말이다. 소로스는 역사 속 여러 버블의 형성과 붕괴를 사료로 들며 시장은 결코 효율적이지도, 안정적이지도 않다는 것을 강조한다. 시장에서 광풍과 폭락은 이상 현상이 아니라 오히려 자연스럽고 당연한 일이란 것이다.

소로스에게는 이 움직임이 투자 전략의 근간이다. 그는 흔히 '펀더멘털'이라고 부르는 기업의 내재적 특성을 분석하지 않는다. 그가 보기에 내재된 가치란 없으며, 모든 것이 상대적이다. 왜냐하면 내재적 특성을 분석하고 그 판단에 맞춰 주가가 움직이면 이에 기업 사정도 주가의 영향을 받아 변하기 때문이다. 그렇기에 그는 투자 대상과 시장 플레이어들을 철저히 파악한 뒤, 이들의 행동 유인과 심리를 예측하여 상승 또는 하락에 베팅한다.

'예견이 곧 시장을 움직이는 법'이라는 그의 철학이 극단적으로 드러나는 예시는 소로스의 화폐 시장에 대한 견해다. 국가가 환율을 고정하는 대신, 세계 시장에서 자유롭게 화폐가 거래되게 하면 환율이 시장 균형을 찾아가며 화폐 시장이 안정된다는 것이 종래의 정론이었다. 그러나 소로스는 재귀 이론에서 말했듯 급등과 폭락이 시장의 자연스러운 면모라는 주장을 몸소 밝힌다.

그는 1992년 영국의 파운드화가 인위적으로 고평가됐다고 판단하고 이를 공매도한다. 쉽게 말해 영란은행이 화폐 가치를 높게 유지하기 위해 억지로 시장에서 파운드를 사들일 때, 소로스는 다른 사람들이 가진 파운드를 빌려다가 계속 팔았다. 즉, 한 펀드 매니저가 영국이라는 나라의 중앙은행과 정면으로 격돌한 것이다. 그는 파운드가 폭락할 것이라는 예견을 천문학적인 액수의 공매도로 직접 실현시켰다. 소로스는 비슷한 투자 전략으로 태국 바트화를 공격했고, 이는 1997년 아시아 전체의 경제 위기를 심화시켰다.

이렇듯 소로스는 《금융의 연금술》에서 시장은 효율적이지도, 안정적이지도 않다는 강한 논거를 들어보인다. 그리고 좀 더 나은 시스템에 대해 제언하는데, 이는 사실 소로스가 어떻게 성공했는지를 고려하면 의외의 이야기다.

소로스가 보기에, 시장이 어떤 중앙 통제 기구보다도 항상 효율적이고 안정적으로 자원을 배분한다는 시장 만능주의는 틀린 주장이었다. 그는 20세기 중후반의 은행 규제는 과도했지만, 현시대의 은행 규제는 오히려 너무 느슨하다고 경고한다. 한쪽 극단이 통하지 않았다고 해서 반대쪽 극단으로 치닫는 것은 어리석은 일이라는 것이다.

따라서 그는 시장에 내재된 불안정성을 어느 정도 상쇄할 수 있는 세계적 규제 기구가 있어야 한다고 설파한다. (자기 자신의 주무기였던) 시장의 자유로운 움직임과 막대한 부채는 필연적으로 시장을 불안정하게 만들고, 정도가 지나치면 국가적 혼란을 야기할 수 있으니 사회적 편익을 고려해야 한다고도 말한다. 그러면서 자유 시장 경제가 가장 추구하는 바인 '이익'이 모든 것을 결정하는 절대적인 잣대가

돼서는 안 된다고 경고한다. 이익은 목적이 아닌, 세상을 더 나은 방향으로 움직이는 수단에 불과하기 때문이다.

◆ 팬도, 적도 많은 소로스의 투자에 대한 통찰

《금융의 연금술》에 대한 평가는 소로스에 대한 평가만큼 극단적이다. 흥미로운 점은 2003년에 출간된 이 책의 2판 추천사를 폴 볼커 전 연준 이사회 의장이 썼다는 것이다.

볼커 전 의장과 소로스 사이에는 재미있는 일화가 있다. 볼커 전 의장이 연준에서 물러나 프린스턴 대학에서 강의할 때 소로스를 강연자로 초청했다고 한다. 그리고 소로스는 이 강의에서 "시장에는 균형 상태라는 것이 없고 양극단으로의 움직임만 있기 때문에 변화를 잘 보아야 한다"라고 말했다. 볼커 전 의장은 이에 동의하면서 "그래서 경제학자들의 균형에 대한 조언들이 자신의 연준 시절에 도움이 되지 않았다"라고 농담했다고 한다. 인플레이션 파이터라고 불리던 강력한 규제의 대명사인 폴 볼커와 역사상 가장 공격적인 펀드 매니저인 조지 소로스의 개인적인 친분은 흥미롭다. 이처럼 그는 전혀 예상치 못한 팬들을 가지고 있다.

마지막으로《금융의 연금술》에 대한 폴 볼커의 평가를 공유하고 싶다.

"금융과 인간의 행동에 있어 새롭고 유의미한 통찰력을 바탕으로, 오래되고 낡은 정통을 부수기 위한 독립적이고 탐구하는 자세를 가진 저자의 정직한 투쟁."

함께 읽으면 좋은 책

- 《전설로 떠나는 월가의 영웅》 피터 린치 · 존 로스차일드, 국일증권경제연구소, 2021
- 《워런 버핏의 주주 서한》 워런 버핏, 서울문화사, 2015

21

밀턴 프리드먼
《화폐 경제학》
1992

노벨경제학상 수상자가 내놓은
인플레이션 해법

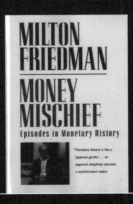

밀턴 프리드먼(Milton Friedman, 1912~2006)

프리드먼은 평생 화폐 경제학을 연구했으며, 화폐 이론으로 노벨경제학상을 수상했다.

《화폐 경제학》은 그런 프리드먼의 결과물을 담은 저서로, 그의 화폐에 대한 주장과 분석

을 모두 담고 있다.

※ 주요 저서: 《자본주의와 자유》《선택할 자유》

프리드먼이 《화폐 경제학》을 쓰게 된 배경을 이야기하려면 내가 왜 프리드먼의 책을 두 권이나 다루는지에 대해 이야기할 필요가 있을 것 같다.

일단 프리드먼은 우리가 살고 있는 현대에 가장 큰 영향을 미친 경제학자 중 한 명이다. 프리드먼 자신도 노벨경제학상을 수상했지만, 프리드먼으로 대표되는 시카고학파는 수많은 노벨경제학상 수상자를 배출했다. 물론 1976년에 수상한 프리드먼이 그 시발점이었다. 특히 1970~1990년대에 시카고학파는 치열하게 벌어졌던 통화 정책의 유효성 논쟁에서 지대한 영향력을 행사했고, 그 중심에는 프리드먼이 있었다.

1962년, 《자본주의와 자유》를 출간한 시점의 프리드먼이 당시 경제학을 주도하던 케인스학파에 패러다임적 도전을 하던 도전자의 입장이었다면, 《화폐 경제학》을 출간한 1992년에는 자신이 성공적으로 바꾸어놓은 경제학의 패러다임을 기반으로 자본주의와 자유가 거시 경제 정책에 어떻게 적용될 수 있는지 제시한다.

즉, 《자본주의와 자유》가 향후 수십 년의 방향성을 제시한 책이라면 《화폐 경제학》은 제시한 방향성에 기반한 정책적 해결책을 내놓은 책이라고 볼 수 있다.

◆　　　　　　　　　　　**"인플레이션과 알코올중독의**
**　　　　　　　　　　　　해결책은 비슷하다"**

"인플레이션은 언제 어디서나 화폐적 현상이다(Inflation is always and
everywhere a monetary phenomenon)."

　　1969년 런던 윈콧 기념 강연에서 프리드먼이 한 명언이다. 그는
인플레이션에 대해 "너무 많은 돈이 너무 적은 물건을 쫓고 있다"라
고 표현했다. 경제 전체의 생산량은 고정돼 있는데 화폐 공급이 계속
해서 늘면 물가는 상승한다. 개인 입장에서는 돈이 많을수록 좋지만,
경제 전체에서는 돈이 늘면 인플레이션이 발생하는 것이다. 이 말이
아마도《화폐 경제학》의 핵심일 것이다.

　　《화폐 경제학》은 마치 소설처럼 쓰여 있다. 총 10개의 챕터 중 7개
가 이야기 형식의 사례다(실제로 프리드먼은 훌륭한 스토리텔러였다고 한
다). 이 책은 돌 화폐를 쓰는 섬 사례로 시작된다. 캐롤라인 군도에는
인구가 5,000여 명 남짓의 얍(Yap)이라는 섬이 있었다. 이 섬에서는
석회암으로 만들어진 바퀴 모양의 돌이 화폐로 이용됐다. 얍섬에는
석회암이 없었기 때문에 섬 주민들은 아주 멀리 떨어진 또 다른 섬에
서 석회석을 다듬어 가져왔다. 당연히 이 돌로 된 화폐를 만들고 가
져오는 데 엄청난 노동력이 들어갔기에 이 돌들이 화폐로서 가치를
인정받았다고 한다. 섬 주민들은 돌 화폐를 카누나 뗏목으로 운반해

집에 보관했다. 너무 무거워서 움직일 수 없던 돌은 만든 섬에 그대로 두었다.

이들은 실제로 움직이기 어려운 돌을 이용해 물품을 거래했다. 그러다 보니 거래마다 돌을 옮기는 수고를 덜기 위해 소유권을 바꾸기만 하고 돌은 그 자리에 그대로 두었다. 놀랍지 않은가? <u>서로를 신뢰하고, 돌 화폐로 구축된 화폐 경제 시스템을 신뢰했기 때문에 이러한 경제 생태계가 가능했던 것이다. 이 예시를 통해 프리드먼은 화폐와 화폐 경제의 근간은 구성원들의 신뢰라고 이야기한다.</u>

프리드먼은 이어서 금·은 본위제, 디플레이션, 복본위제•, 루스벨트의 은 구매 사업, 칠레와 이스라엘의 환율 조치에 대한 비교 분석 사례를 보여준다. 그리고 이로부터 인플레이션이 왜 발생하는지, 인플레이션의 부작용은 무엇인지 그리고 인플레이션의 해결책이 무엇인지 논의한다.

《화폐 경제학》에서 프리드먼은 화폐 공급량이 물건 생산량의 증가보다 훨씬 빠르면 인플레이션이 발생한다고 주장한다. 그리고 물건 수 대비 화폐 수량의 증가가 빠를수록 인플레이션은 더 커진다고 주장한다. 즉, 인플레이션은 언제 어디서나 화폐적 현상이라는 의미다.

그러면 왜 화폐 공급량이 물건 생산량 증가보다 빠르게 일어날까? 프리드먼은 정부가 급격히 지출을 늘리거나 중앙은행이 잘못된 통화 정책을 펼칠 때 이런 일이 생긴다고 설명한다. 그러면서 인플레이션과 알코올중독에는 공통점이 있는데, 발생 초기에는 좋아 보이

• 두 가지 이상의 금속을 본위 화폐로 하는 화폐 제도.

지만 계속되면 엄청난 부작용을 겪고 빠져나올 수 없다는 것이 그것이다.

인플레이션 발생 초기에는 시장에 돈이 많아지고 소비가 활성화되면서 모두 부자가 되는 느낌이 든다. 그러나 인플레이션이 지속되면 구매력이 떨어지고 경제 전체의 고통이 가중된다. 그렇지만 이미 돈을 찍어내 지출을 늘리는 데 중독된 정부와 경제 구성원은 인플레이션에서 벗어날 수 없다. 그리고 프리드먼은 인플레이션과 알코올 중독 모두 해결책은 비슷하다고 주장한다. 술을 줄이듯 화폐 증가율을 감소시켜야 한다는 것이다.

이를 위해 중앙은행은 독립성을 보장받아야 하고, 재정 정책이 정치 논리에 따라 결정되면 안 된다는 것이 《화폐 경제학》의 가장 중요한 주장이다. 동시에 독립성을 확보한 중앙은행이 경제에 과도하게 영향을 행사하는 것을 방지하기 위해 화폐 공급량을 경제 성장률 등 거시 경제지표를 기반으로 미리 정한 기준에 따라 매년 증가시켜야 한다고 주장한다. 이것이 바로 '준칙주의'다. 프리드먼은 고통이 수반될 수는 있겠지만, 준칙주의야말로 인플레이션이라는 중독을 끊어낼 수 있는 최선의 해결책이라고 이야기한다.

40년 만의 초인플레이션 시대에 시사점을 주는 책

《화폐 경제학》은 출간 이후 오랫동안 베스트셀러로 자리매김했다. 특히 1980년대의 초인플레이션 시대를 경험하고 극복한 사람들에게 프리드먼의 주장은 합리적이었다. 이 책과 함께 프리드먼을 중심으로 하는 시카고학파와 거시 경제의 변동에 따른 화폐 공급량 및 중앙은행의 역할을 중시하는 통화주의는 경제학의 주류로 자리 잡을 수 있었다.

또 정책 입안자의 재량을 중시하는 케인스학파에 맞서, 그러한 재량이 경제의 불확실성을 늘리기 때문에 불확실성을 최소화하는 준칙에 입각한 재정 정책이 필요하다는 통화주의학파는 케인스학파의 대척점에서 미국의 경제 정책에 커다란 영향을 미쳤다. 《화폐 경제학》이후 경제학 안에서는 케인스학파와 시카고학파의 대결 구도가 성립될 정도로, 경제학계의 지각 변동이 극심했다.

2008년 금융 위기를 기점으로 시카고학파와 통화주의는 수세에 몰리는 듯 보였다. 시장의 실패로 인한 전 지구적 규모의 금융 위기를 정부의 적극적인 개입을 통해 극복하는 듯 보였기 때문이다. 그러나 초저금리 정책과 이로 인한 지나친 화폐 공급의 증가는 초인플레이션이라는 또 다른 문제를 야기했다.

《화폐 경제학》은 인플레이션의 원인과 해결책에 대해 다룬다. 그렇기에 40년 만의 초인플레이션 시대를 맞이할지도 모르는 우리에게 커다란 시사점을 던져준다.

22

케네스 로고프·카르멘 라인하트
《이번엔 다르다》
2009

"이번엔 다르다"라는 말 뒤에는
반드시 금융 위기가 찾아온다

케네스 로고프(Kenneth S. Rogoff, 1953~)

미국의 경제학자이자 체스 마스터. IMF 및 미연방준비제도(FRB, Federal Reserve System)에서 경제학자로 활동했고, 현재 하버드 대학 경제학 교수로 재직하고 있다. 로고프는 2002년 스티글리츠의 저서 《세계화와 그 불만》에 대해 "풍자가 길면서도 각주는 짧은 빈정거림"이라고 공개적으로 반박하며 경제학자들로부터 주목을 받았다.

※ 주요 저서: 《화폐의 종말》

카르멘 라인하트(Carmen M. Reinhart, 1955~)

미국의 경제학자. 노벨경제학상 수상자 로버트 먼델의 지도를 받아 컬럼비아 대학에서 박사 학위를 취득했다. 투자 은행 베어스턴스에서 수석 경제학자로 근무했으며, 이후 IMF에서 리서치 부서의 부국장으로 활동했다. 현재 하버드 케네디 스쿨의 국제 금융 시스템 교수로 재직 중이다.

18세기부터 우리 곁에 있었던 금융 위기는 그 원인에 따라 은행 위기, 외환 위기, 버블 붕괴에 따른 금융 공황 등 다양한 이름으로 불렸다. 그리고 이러한 위기들이 우리 삶에 미치는 영향이 매우 컸기 때문에 수많은 경제학자는 금융 위기에 대해 분석하고 논의했다. 그러나 2008년에 발생한 글로벌 금융 위기를 통해 알 수 있듯, 위기를 예측하고 적절하게 대응하는 역량을 갖추기란 쉽지 않았다.

금융 위기에 대한 분석은 대부분 사건의 전개와 서사에 초점을 맞춘다. 그러다 보니 경제사에 가까운 분야가 돼버린다. 금융 위기 분석의 권위자인 찰스 킨들버거가 경제사학자인 것만 봐도 알 수 있다. 나는 이것이 금융 위기를 예측하고 적절하게 대응해내기 어려웠던 이유라고 생각한다. 역사학자들은 미래를 예측하기보다 과거에 발생한 사건을 체계적으로 연결함으로써 우리가 지금 이 순간에 도달한 이유를 알려준다. 금융 위기에 대한 분석도 마찬가지이지 않을까? 과거에서 교훈을 얻을 수는 있지만 예측은 제한적일 수밖에 없다.

그러나 로고프와 라인하트가 공동 집필한 《이번엔 다르다》는 금융 위기에 대한 분석서임에도 불구하고 기존과 다른 접근법을 취했다. 금융 위기가 발생한 국가들의 GDP(국내 총생산), 환율, 물가, 수출입 통계, 이자율을 넘어 원자재 가격, 주택 시장 동향, 공공 부채 등 다양한 거시 경제 지표를 수집하여 분석했다. 분석 범위도 무려 800년에 걸쳐 66개국의 사례를 바탕으로 하는 등 기존의 금융 위기에 대한 분석과는 연구 규모의 차원이 달랐다. 또 각종 도표, 그래프, 통계적 근거를 무더기로 내놓았으며, 논리적 엄밀성도 여타 경제학 분야에 밀리지 않았다.

《이번엔 다르다》는 학술적 성격이 상당히 강했음에도 베스트셀러로 등극했다. 분석의 탁월함에 있어 수많은 경제학자의 찬사를 받았고, 도출된 결론에 대해서도 광범위한 공감을 얻었다. 책이 출간된 시기도 인기를 더하는 요인이었다. 《이번엔 다르다》가 출간된 2009년은 글로벌 금융 위기의 여파가 아직 남아 있었고, 경제학 전반에 걸쳐 학문적 의제가 금융 위기로 전환된 시점이었다. 즉, 시의적절한 책이면서도 저자들의 제언 또한 경제학자들에게는 의미심장했다.

◆ ## 반복되는 금융 위기 사례로부터 패턴을 찾다

책의 화두로 던져지는 질문은 이것이다. "금융 위기는 왜 예측하기 어려운가?" 사실 이 질문을 좀 더 구체화하면 위기는 왜 발생하고, 발생 시점은 언제이며, 얼마나 오래 지속될 것인가에 대한 물음이다. 명쾌한 답을 기대하게 만드는 질문과는 달리 저자들은 그저 '깨지기 쉬우면서도 감지하기 어려운 신뢰의 속성' 때문에 위기가 시작된다는 다소 철학적이고도 모호한 설명을 한다. 이 모호한 설명을 구체화하면서 내놓은 체계적인 분석이 바로 이 책의 큰 틀이다.

오마하의 현인 워런 버핏은 신뢰에 대해 다음과 같이 말했다. "신뢰를 만들기 위해서는 평생에 가까운 시간이 걸리지만, 무너지는 데는 단 5분도 채 걸리지 않는다." 금융 위기도 은행에 대한 예금자의 믿음이 사라지는 순간에서부터 시작된다. 이것이 곧 뱅크 런(Bank Run)•이라 불리는 은행 위기의 한 형태다. 이런 맥락에서 신뢰는 깨지기 쉬운 속성을 가지고 있다.

어떤 행동을, 얼마나 오랫동안 그리고 얼마나 자주 해야 '신뢰'한다고 이야기할 수 있을까? 일상에서 신뢰를 구체적으로 측정하기란 쉽지 않다. 특히 복잡한 거래들로 엮여 있는 금융 시장의 신뢰를 측정하기란 더욱 어렵다. 그래서 우리는 신뢰를 훼손시킬 수 있는 신호들을 무시한 채 "이번엔 다르다"라고 주장을 펼치며 과도한 낙관에 빠지기 쉽다. 이것이 버블과 공황의 주기를 형성하는 금융 위기의 한 형태다. 그렇기에 《이번엔 다르다》의 진짜 가치는 금융 시장의 신뢰 수준을 수치로 나타낼 방법을 탐구했다는 데 있다.

《이번엔 다르다》는 지난 800년 동안 세계적으로 반복된 금융 위기의 사례들을 분석해 패턴을 발견했다. 즉, 과도한 부채로 일군 호황은 금융 위기로 막을 내린다는 것이다. 그러나 사람들은 호황이 올 때마다 '이번에는 다르다'고 착각한다. 또 전문가들은 과거의 실수에서

• 경제 상황 악화로 금융 시장에 위기감이 조성되면서 은행의 예금 지급 불능 상태를 우려한 고객들이 대규모로 예금을 인출하는 사태.

충분한 교훈을 얻었기 때문에 과거의 규칙들이 더 이상 유효하지 않다고 주장한다. 저자들은 이러한 주장들이 완전히 잘못된 것이라는 증거를 제시한다.

저자들의 분석에 따르면, 2008년에 발생한 글로벌 금융 위기에서도 비슷한 패턴이 발생했다. 미국은 신흥국들로부터 막대한 자본을 빌렸으며, 그 자본의 상당 부분은 부동산 부문으로 흘러 들어갔다. 특히 2005년부터 부동산 가격의 상승세는 GDP의 성장을 훨씬 앞질렀고, 투기가 성행하기 시작했다. 그러나 당시 연준 의장이었던 앨런 그린스펀은 금융 혁신을 통해 모기지 대출 자산을 유동화시켜 위험을 분산시킬 수 있기 때문에 가파르게 오른 집값은 충분히 납득할 만한 수준이라고 주장했다. 세계적으로 금리 수준은 낮았고 미국으로 유입되는 자본량이 지속적으로 증가하고 있기 때문에 버블이 아니라고 본 것이다. 그러나 생산성 향상 없이 과도하게 자본을 차입하여 부동산 버블을 형성한 결과, 금리가 인상되기 시작하자 주택 경기를 중심으로 채무 불이행이 확산돼 금융 위기로까지 확대됐다.

경제에 큰 충격을 준 금융 위기들은 다음과 같은 몇 가지 공통점을 보인다.

첫째, 미래에 대한 낙관을 형성할 때 전문가들이 앞장서고 여론이 이에 열광했다. 둘째, 단기 자금을 빌린 규모가 확대됐고, 많은 이가 빌린 돈으로 투기에 뛰어들었다. 특히 부동산 가격이 단기간에 치솟는 경향을 보였다. 그러나 높은 부채 규모를 지탱할 만큼 성장을 이루지 못하자 급격한 자금 유출과 함께 금융 시장이 마비됐다. 즉, 단기 자금의 흐름이 시장에 핵심적인 영향을 미쳤다. 셋째, 이러한 금융 위기는 한 나라에서 끝나지 않고, 다른 나라에 연쇄 작용을 일으켜 위기를 확대했다. 넷째, 이러한 위기들은 통계적으로 정부 부채와 연관성을 보인다. 정부 부채는 일반적으로 경제 성장을 촉진한다. 그러나 일정 규모를 넘어가면 금융 불안 및 채무 불이행을 야기하는 원인이 될 수 있다.

《이번엔 다르다》의 흥미로운 점 중 하나는, 신흥국의 관점에서 금융 위기의 발생 가능성을 조금 더 세심하게 관찰했다는 것이다. 대부분의 금융 위기에 대한 분석은 선진국 사례 및 데이터를 중심으로 이루어졌지만, 이 책에서는 신흥국의 공공 부채 데이터 및 채무 불이행 이력을 체계적으로 정리했다.

저자들의 분석에 따르면, 신흥국의 경우 신뢰 위기에 더 취약한 면모를 보이며 평균적으로 대외 부채의 규모가 국내 총생산의 35%를 넘어서면 위기가 발생할 확률이 급격히 높아진다. 그리고 채무 불이행을 한 번이라도 경험한 신흥국은 또 다시 채무 불이행이나 금융 위기를 경험할 가능성이 높다.

채무국의 채무 상환 능력뿐 아니라 채무 이행 의지도 중요하게 작용한다. 이는 정치적 맥락과 더 연관이 깊은데, 일례로 막대한 채무를 부담하고 있는 신흥국에서 포퓰리즘*이 성행할 것이라는 우려가 등장하면 금융 위기 가능성도 훨씬 커진다. 독재자의 출현으로 인해 대외 채무 상환에 대한 국가의 법적 절차가 언제든지 뒤집힐 수 있기 때문이다. 이에 따라 채권자들은 신흥국에 대한 대출을 중단하게 되

* 대중의 인기에만 영합하여 목적을 달성하려는 정치 행태.

는데, 신흥국은 새로운 채권자를 찾지 못해 금융 위기가 심화된다. 따라서 채권자를 보호하는 법적 수단 및 정치적 안정성이 금융 시스템의 안정성을 이루는 핵심 요소로 인식된다.

방대한 분석과 논의 끝에 저자들은 두 가지 함의를 내놓는다. 하나는 금융 위기 조기 경보 모델에 대한 중요성이고, 다른 하나는 금융 정책의 의미다. 금융 위기란 일단 발생하면 피해가 순식간에 확산되지만, 이를 회복하는 과정은 더디게 이루어지기 때문이다.

정책과 규제를 확립하는 데 좀 더 주의를 기울여야 함이 금융 위기를 통해 확인됐다. 혁신이라는 이름 아래 수많은 규제를 철회하여 복잡한 금융 상품이 무분별하게 확산됐고, 이것이 금융 시스템에 거대한 충격을 줄 수 있다는 게 2008년 금융 위기를 통해 드러났다. 즉, 금융 규제를 최대한 보수적으로 설계해야 잠재적 위험을 최소화할 수 있다. '이번엔 다르다'라는 구호가 떠도는 상황에서도 금융 시스템을 안정적으로 유지하기 위해서는 금융 시스템에 대한 엄격한 관리가 지속적으로 이루어져야 하는 것이다.

◆　　　　　　　　　**금융 위기를 예측하는 데**
　　　　　　　　　　　　　　공헌하다

〈파이낸셜 타임스〉는 《이번엔 다르다》에 대해 "금융에 있어 가장 위험한 두 단어는 바로 '이번엔 다르다'다. 메릴랜드 대학의 카르멘 라인하트 교수와 하버드 대학의 케네스 로고프 교수가 공동 집필한 걸작 덕분에 앞으로 그 누구도 이 사실을 의심하지 않을 것이다. 저자들이 심혈을 기울여 수집한 데이터는 금융 기관들이 위험을 관리하기 위해 정량적 분석을 할 때 꼭 필요한 자료들이다"라고 평했다. 즉,《이번엔 다르다》는 2008년 금융 위기 이후 금융 위기를 예측하는 조기 경보 모델을 만드는 데 공헌했다.

이 책에 제시된 분석에 차별성을 더하는 아주 중요한 요소는 대규모 공공 부채의 위험성이다. 공공 부채는 그 목적상 국가 경제에 필요한 대규모 인프라를 구축하기 위해 활용되지만, 그 규모가 일정 수준을 넘어서면 성장을 자극하지 못하고 국가 재정에 대한 부담을 가중시켜 오히려 악영향을 미치며, 나중에는 금융 위기를 발생시키는 잠재적 요소로 작용한다. 그리고 이 주장은 일본의 막대한 부채에 대한 논쟁을 촉발시켰다.

뉴욕 연준 출신의 경제학자이자 노무라종합연구소 수석이코노미스트인 리처드 쿠는 일본의 사례를 들어 이 책의 주장을 정면으로 반박했다. 리처드 쿠는, 로고프와 라인하트의 접근 방식은 국가의 재정 지출을 통해 국가 경제 전반에 일으키는 파급 효과를 정확히 이해하지 못한 채 통계적으로만 접근하여 섣불리 결론을 내렸다고 주장했다. 그러면서 불황 국면에 들어간 경제에서 공공 부채의 규모가 크다는 이유로 재정 지출을 축소하면, 금융 위기가 아니라 통화 정책으로도 해결할 수 없는 경제 위기가 발생할 수 있다고 설명했다. 그 예로 일본은 지속적으로 막대한 규모의 공공 부채를 보유하고 있으며, 20년에 걸쳐 그 위험성을 경고받아왔지만 1997년 이후로는 별다른 금융 위기가 발생하지 않았다. 이는 일본의 자본 통제에 대한 정책적 효과와 일본 엔화의 국제적 위상의 결합을 통해 이뤄낸 결과이지만, 로고프와 라인하트가 제시한 분석의 틀에서는 설명되지 않는 현상임이 분명하다.

5장

★

자본주의의
진실을 알려주는
경제학 고전

23

조지프 슘페터
《경제 발전의 이론》
1911

경제 성장의 핵심,
기업가 정신이란 무엇인가?

조지프 슘페터(Joseph Schumpeter, 1883~1950)

오스트리아 출신의 미국 경제학자. 빈 대학, 그라츠 대학 등에서 경제학 교수로 활동했으며, 제1차 세계대전이 끝난 후 오스트리아의 재무 장관 및 비더만 은행의 총재로 역임했다. 이후 1932년 미국으로 건너가 하버드 대학의 교수로 지냈다. 1934년에는 미국계량경제학회의 회장으로 선출됐으며, 외국인으로서는 최초로 미국경제학협회 회장직을 수행했다. 케인스와 함께 20세기 가장 영향력 있는 경제학자로 꼽히는 인물 중 하나다.

※ 주요 저서: 《자본주의·사회주의·민주주의》 《경제학의 역사와 방법》

산업 혁명 이후 영국은 눈부신 경제 발전을 이뤘다. 고전학파의 경제학은 이러한 영국의 경제적 성공을 구조화하고 이론화해 설명하려는 노력이었다. 그러나 19세기 말, 영국과 유럽의 경제적 영광은 그 끝을 보였다. 1871년 보불 전쟁에서 프랑스 제2제국이 패한 후 유럽은 극한의 정치적 갈등과 혼란에 빠진다. 제국주의 분위기가 고조됐고, 영국과 프랑스는 신생 독일 제국과 정치적으로 첨예하게 대립한다. 러시아와 오스만 튀르크의 군사적 갈등으로 인해 발칸반도는 정치적 수렁에 빠져 들어갔다. 결국 이러한 제국주의 국가 간의 갈등은 20세기 두 차례 세계대전으로 폭발한다. 그리고 세계대전과 함께 유럽의 경제적 헤게모니는 종식된다.

이에 반해 신흥국 미국은 1865년 남북 전쟁을 끝내고 사회 대통합을 이루어내면서 경제가 빠른 속도로 성장했다. 대량 생산을 가능하게 하는 기술의 발전과 대량 생산을 위한 인프라 구축이 진행됐다. 인프라 구축을 위해 철도와 철강 산업 그리고 금융업이 발전하면서 마크 트웨인이 언급한 도금 시대(Gilded Age)●가 도래했다. 미국의 경제력은 유럽의 경제력을 앞서기 시작한다.

세계의 경제 축이 유럽에서 미국으로 이동하자 경제학자들 또한 미국이라는 신흥국의 경제 상황을 이론화하고 설명할 필요를 느낀다. 19세기 말부터 20세기 초의 미국 경제는 모든 사람이 자유롭게 그리고 적극적으로 기업 활동에 참여하고 경쟁했다. 제국주의를 기반으로 한 무역으로 부를 쌓은 유럽 국가들과는 다르게 미국에서는 자신의 경제 왕국을 건설하는 것을 목표로 하는 기업가들의 부와 발전에 대한 욕망으로 경제가 발전했다. 기업가들의 혁신적 도전을 바탕으로 하는 미국의 경제 발전 과정을 설명하기 위한 다양한 노력이 나타나게 된다.

경제학은 수요와 공급 그리고 기타 여러 정보를 이용해 경제 주체들의 최적화된 의사 결정이 이루어지는 '균형 지점'을 설명해내려 한다. 그러다 보니 경제학은 한정된 자원의 효율적 배분이 이루어지는 가격 수준을 찾기 위해 노력한다. 슘페터는 이러한 경제학의 균형이라는 개념을 정리하고, 수리적 접근 방식을 바탕으로 경제 발전 과정을 설명한다. 슘페터에 따르면, 자본주의 자체가 균형을 가져오는 것이 아니라 지속적인 혁신을 통해 혼란스러운 상황이 펼쳐지고 정리되면서 경제는 앞으로 나아간다. 그리고 슘페터는 자본주의에서 혼란과 발전을 동시에 가져오는 혁신의 원동력을 '기업가 정신'이라고 정의한다.

● 1873~1893년까지 미국 자본주의가 급속하게 발전한 28년간을 의미. 미국 소설가 트웨인의 동명 소설에서 유래한 명칭.

자본주의는 혁신으로 발전하고, 혁신으로 종말한다

슘페터가 생각하는 경제 발전이란 단순히 경제 규모의 확대가 아니었다. 그는 양적 확장(Growth)과 질적 성장(Development)을 구분하여 접근했다. 양적 확장이란 단순히 투입할 수 있는 재원이 늘어남으로써 누릴 수 있는 생산량의 확대를 의미하지만, 질적 성장은 기술 발전과 사회 환경의 변화로 인해 나타나는 혁신을 시장에 도입하는 것을 의미했다. 슘페터는 이 급진적 변화로 인해 경제 발전이 일어나는 조건에 대해 연구했고, 그 결과물을 《경제 발전의 원리》에 담았다.

슘페터는 《경제 발전의 원리》에서 발전 이론을 제시한다. 발전 이론은 경제가 움직이는 방향의 변화다. 이 책에 따르면 경제 방향성의 변화는 연속적이지 않다. 오히려 비약적이고 단속적(斷續的)이다. 슘페터에 따르면 자본주의 시스템에서 경제 발전의 원천은 '혁신'이다. 슘페터가 의미하는 혁신이란 새로운 제품을 고안하는 것에 그치지 않는다. 새로운 원료를 활용한 제품 생산, 제품을 생산하는 방식의 변화 심지어는 시장의 관행을 바꾸는 조직 체계까지도 혁신으로 보았다.

그는 발전이 없는 정적인 경제 상태에서 기업가가 혁신을 통해 새로운 제품, 생산 방법, 신시장 등을 더하면 기존의 균형이 깨지고 경제 발전이 일어난다고 설명한다. 기업가가 혁신을 일으키고 성공하면, 그 후 일련의 혁신들이 다발적으로 일어난다. 그러면 경제가 발전하고 인류의 번영이 찾아온다. 그리고 이러한 번영이 정리되는 과정이 불황이다.

흥미롭게도 슘페터는 자본주의에서 일어나는 혁신으로 인해 자본주의가 계속해서 발전할 수 있지만, 이 혁신 때문에 자본주의가 종말을 맞이할 것이라고 내다보았다. 그는 자본주의의 장점에 대해 설파하면서도 그 종착점에 대해서는 마르크스와 같은 입장을 취했다. 물론 결론을 이끌어내는 과정은 완전히 달랐다. 마르크스는 자본주의의 결함 때문에 자본주의가 붕괴할 것이라고 보았고, 슘페터는 자본주의에서 일어나는 혁신 과정의 변화와 생산량 확대가 자본주의를 다른 체제로 변질시킬 것이라고 예상했다. 혁신이 지속적으로 일어나 사회와 경제 그리고 자본주의가 계속해서 발전하고 성장하면 모순적으로 사회 안에서 기업가 혁신의 역할이 사라진다. 이는 "태양 아래 새로운 것이란 없다"라는 말과 일맥상통한다고 볼 수 있다. 혁신이 매일 일어나면 그것은 더 이상 혁신이 아니게 된다. 그러면 이에 비판적인 지식 계급이 출현하여 자본주의라는 틀을 깨버려서 경제 발전과 성장보다는 평등, 사회 보장, 정부의 개입, 개인의 여가 생활 등을 더 중요하게 여기는 사회적 분위기가 만들어져 자본주의가 붕괴한다는 주장이다.

경기 불황에 대한 대응에 있어서는 케인스학파와 전혀 다른 입장을 취했다. 케인스는 제품과 서비스에 대한 수요가 부족하기 때문에 경기 불황이 발생한다고 보았다. 따라서 정부가 먼저 나서서 소비를 시작하면, 경제가 다시 살아날 것이라고 주장했다. 슘페터는 이러한 접근에 반대했다. 경기 변동이란 본질적으로 자본주의의 속성이며, 혁신적 변화가 만들어낸 부산물에 해당했다. 공황을 정부의 지출로 해결하려는 시도는 슘페터가 보기에 경제 발전을 오히려 더디게 만드는 행위였다. 정부 지출을 통한 유효 수요 창출은 경쟁력이 부족한 기업들에 연명할 시간을 주어 혁신적인 제품이나 프로세스가 자리 잡지 못하도록 할 뿐이었다.

이러한 혁신은 자본주의 시스템 내에서 그냥 일어날 수 없다. 혁신을 이루고자 하는 기업가 정신이 방해받지 않아야 하며, 기업가 정신을 실현할 수단이 갖추어져야 한다. 그러한 점에서 슘페터는 제도의 중요성과 은행 신용의 필요성을 강조한다. 지나치게 관료적인 형태의 문화 또는 제도는 기업가 정신을 훼손할 수 있으며, 기업가에게 신용을 제공할 만한 금융 기관이 없다면 기업가는 자신의 생각을 행동으로 옮기기 어렵다.

슘페터는 기업가 정신을 경제 성장의 핵심 동력으로 본다는 점에서 기존 경제학과는 확실히 다른 관점을 취한다. 기존의 경제학은 기업의 합리적 행위를 이윤의 극대화로 본다. 따라서 기업의 의사 결정은 최대한 많은 이익을 창출하는 것을 목표로 한다. 반면 슘페터는 기업 의사 결정의 핵심적인 주체가 기업가라는 사실에 주목함으로써 이윤을 넘어 다른 요소들까지 고려했다. 여기에는 자기 발전, 사회적 지위, 창조의 즐거움 등에 대한 요소들이 포함된다. 그래서 확실한 이윤의 동기가 부족하더라도 혁신을 위한 다양한 시도가 이루어지며, 이로써 혁신이 활발하게 일어난다. 그리고 이는 경제 성장으로 연결된다.

실제로 위대한 기업가들은 슘페터가 말한 것처럼 의사 결정을 내리고 있었다. 미국의 20세기를 지배했던 존 록펠러, 앤드루 카네기,

헨리 포드 등의 인물은 단순히 이익만을 좇지 않았다. 이들 모두 생산 요소나 유통 구조에 변화를 줌으로써 거대한 사업을 일궜으나, 부를 넘어선 각자의 신념이나 야망에 따라 움직이는 인물들이었다(록펠러의 경우, 석유 산업의 90%를 장악하여 독과점으로 많은 비난을 받았지만, 실제로는 합병을 통해 사업을 재구성하고 규모의 경제를 달성함으로써 석유 공급 단가를 오히려 낮췄다).

슘페터에 따르면, 이러한 기업가들은 자기 발전에 대한 동기가 강하고 위험 추구 성향이 높으며, 독자적인 가치관을 가진 사람들이다. 가장 핵심적으로는 변화에 대한 갈망을 가지고 기존의 것들을 다른 방식으로 구성해낼 수 있는 역량을 지닌 이들이었다.

◆ ## 한 세기가 지난 오늘날에 더 들어맞는 경제 발전의 원리

미국 재무부 장관 및 국가경제회의 위원장을 역임했던 로런스 서머스는 "21세기는 애덤 스미스도, 존 메이너드 케인스도 아닌 조지프 슘페터의 세기다"라고 말한 바 있다. 20세기에는 케인스의 이론이 국가의 정책 방향을 결정함에 있어 지배력을 행사했다면, 21세기에는 슘페터의 이론에 그 자리를 내주고 있는 것처럼 보인다. 이는 아마도 특허, 저작권, 산업 재산권 등 지적 재산권이 경제 활동에 미치는 영향력이 점점 커지고 있기 때문인 듯하다.

기업가가 일궈내는 혁신은 다른 요소들과의 독특한 조합을 통해

이루어진다. 특히 실리콘 밸리를 중심으로 확대되는 IT 산업은 기업 간의 지식 교류 및 합병을 통해 과거보다 더 다양한 방식으로 혁신을 이룬다. 일례로, 실리콘 밸리에 위치한 벤처캐피탈리스트들은 자신이 투자한 기업들의 시너지를 확인하고 합병을 주도함으로써 시장에 혁신적인 제품과 서비스를 탄생시키는 데 적극적으로 참여한다.

또 개방형 혁신(Open Innovation)이라는 이름의 경영 전략이 각 기업에 도입되면서, 제품과 서비스의 연구 개발 활동이 개별 기업 차원을 넘어서 기업 간 협력 및 계약을 통해 더욱 확대되고 있다. 즉, 지식 경제에서 생산 요소라 볼 수 있는 다양한 정보들이 더욱 역동적으로 결합되면서 혁신이 탄생하기 용이한 환경이 조성되고 있는 것이다. 그런 의미에서 슘페터의 《경제 발전의 원리》는 출간한 지 1세기가 지난 지금에 와서야 경제 발전의 원리를 더 잘 설명해낸 책이 되었다.

24

하이먼 민스키
《불안정한 경제 안정화시키기》
1986

2008년 금융 위기를
예측하다

하이먼 민스키(Hyman Minsky, 1919~1996)

미국의 포스트 케인스학파 경제학자. 워싱턴 대학 교수. 바드 대학 레비경제연구소 연구원으로 활동했다. 금융 시스템의 변동성으로 인해 발생할 수 있는 금융 위기의 취약성과 특징에 대해 연구했다. 1980년대 금융 규제 완화에 반대하고, 중앙은행의 금융 안정 역할을 강조하여 정부의 금융 시장에 대한 개입을 지지해 포스트 케인스학파로 분류된다.

※ 주요 저서: 《케인스 혁명 다시 읽기》

《불안정한 경제 안정화시키기》의 초고가 쓰인 1986년은 미국이 인플레이션과 사투를 벌이던 시기였다. 그래서 경제 불안정이나 경제 위기보다 물가와 성장이 더 중요한 사회적 키워드이자 정책적 목표였다. 민스키 또한 1986년 워싱턴 대학 경제학과에서 일하던 시절, (추후 출간되는 도서와 같은 제목인) 〈불안정한 경제 안정화시키기 (Stabilizing an Unstable Economy)〉라는 제목으로 발간한 15페이지짜리 보고서에서 "제2차 세계대전 이후 40년 동안 가장 중요한 경제 상황은 아직 발생하지 않았다. 그것은 바로 경제 대공황이다"라고 이야기 했다. 민스키 또한 그의 연구 주제인 금융 위기와 금융 안정이 당시에는 관심받는 주제가 아님을 알고 있었다.

이러한 맥락에서 이 책을 잘 이해하기 위해서는 집필 당시의 시대상보다 이 책이 주목받게 된 배경을 이해하는 것이 더 중요하다. 사실 민스키는 훌륭한 연구자였지만, 살아생전 거의 주목받지 못한 학자였다. 민스키와 그의 책이 처음 관심받은 것은 러시아 금융 위기가 한창이던 1998년이었다. 세계 최대 채권 운용사 중 하나인 '핌코'의 펀드 매니저 폴 매컬리가 민스키의 이론에 주목한 것이다. 당시의 경제 위기 상황에서 시장이 폭락할까 봐 혹은 다른 투자처에서 손실을 보아서 현금이 필요해진 투자자들이 갖고 있던 자산을 헐값에 팔면서 시장 전체의 자산 가격이 폭락했고, 이는 더 심한 경기 침체로 이어졌다. 매컬리는 이러한 상황이 민스키의 이론과 매우 유사하다고 느껴 이를 '민스키 모먼트(Minsky Moment)'라고 불렀다.

1990년대 말 금융 위기에 의해 잠시 주목을 받았던 민스키와 그의 책은, 금융 위기 종식 후 21세기 초입의 경제 황금기를 맞으며 다시 주목을 받았다가 사람들의 뇌리에서 잊혔다. 그리고 인류는 그 망각에 대한 대가를 다시 치러야 했다. 전 세계 경제의 방향성을 바꾼 2008년 금융 위기를 마주하면서 말이다.

2007년 부동산 담보 대출이 부실하다는 것을 인지하고 경제 위기가 시작될 수 있겠다는 우려가 시장에 엄습할 무렵, 〈월스트리트 저널〉과 〈파이낸셜 타임스〉와 같은 경제지들에서 민스키를 이야기하기 시작했다. 그리고 월가에서 다섯 번째 규모를 자랑하던 투자 은행 베어스턴스가 부실 자산으로 인해 JP모건에 인수되던 2008년 3월, 민스키는 드디어 재평가받게 됐다.

금융에 지나치게 의존한 경제 체제의 문제들

안타깝게도 《불안정한 경제 안정화시키기》의 번역서는 아직 국내에 출간되지 않았다. 불안정한 금융으로 인한 경기 과열이 어떻게 경제 위기로 이어지는지 직관적으로 납득시켜주는 책이기 때문에 《불안정한 경제 안정화시키기》는 역사적 그리고 사회적으로 중요하다.

민스키가 내놓는 정책적 대응은 다소 과격하지만, 금융에 지나치게 의존하게 된 현재 경제 체제의 문제를 속 시원하게 짚어준다. 글이 다소 장황하여 읽기 어려울 수 있지만, 훌륭한 통찰과 탄탄한 분석을 바탕으로 쓰여 금융이 유발하는 불확실성 속에 사는 우리에게 많은 고민거리와 (완전하지는 않지만) 충분히 가치 있는 해결책을 던져준다.

《불안정한 경제 안정화시키기》의 초반부 내용은 평이하다. 경제가 어떻게 돌아가는지, 그 행태는 어떠한지, 정책은 어떻게 작용하는지와 같은 일반적인 경제 시스템 원리를 먼저 설명한다. 뒤이어 1975년 경기 침체 징조가 나타났을 때, 정부가 시장에 개입하고 중앙은행이 최종 대부자의 역할을 강조하는 선제적 노력으로, 당시 경기침체가 더 심각한 경기 불황으로 이어지는 것을 막았던 과정에 대해 설명한다. 그리고 이러한 경험과 설명을 토대로 금융 불안정성 가설을 주장한다.

제2차 세계대전 이후 미국은 성공적인 경제 성장을 경험했다. 경제가 호황을 맞자 기업의 이윤이 높아지면서 자연스럽게 기업가들의 수익에 대한 기대는 높아졌다. 사업가들의 낙관론은 투자 증대로 이어진다. 그리고 투자 증대는 자연스럽게 부채의 증가를 유발한다. 사업가들 사이에 팽배한 낙관적 기대는 투자자와 투기자들에게 전염될 수밖에 없다. 그러면 기업은 돈을 더 빌리기 쉬워지고 계속해서 부채가 증가한다. 금융이 발달해 있다면 부채의 증가 속도는 더욱 빨라진다. 그러나 기대 수익이 언제까지 계속해서 오를 수는 없는 노릇이다.

호황이 지속돼 생산량이 많아지면 인플레이션이 낮아져 물건 가격은 오르기 어려워진다. 그러나 기업들은 부채가 누적돼 이자 비용이 늘어나기 때문에 기대 수익이 낮아진다. 이때 금융이 충분히 발달한 사회에서는 기업들의 비즈니스가 유지될 수 있도록 현금을 계속 조달해(빌려)준다. 이로 인해 기업들은 악화되는 재무 건전성에도 불구하고 생존할 수 있지만, 문제는 이러한 금융을 통해 작위적으로 이루어진 생존은 상황을 더 악화시킨 후 끝이 날 수 있다는 것이다.

어느 순간 기업에는 더 이상 채무를 감당할 수 없는 시점이 찾아온다. 특히 경기가 나빠지기 시작할 때 올 확률이 높다. 경기가 나빠지면 기업들의 기대 수익이 낮아져 증가한 부채를 감당할 수 없다. 채권자들은 기대 수익이 낮아진 기업들에 돈을 빌려주고 싶어 하지 않을 것이기 때문에 이미 많은 돈을 빌린 기업이라면 한꺼번에 채무를 갚아야 하는 상황에 직면할 수 있다. 결국 채무 이행을 위해 여러 기업이 자산을 동시에 팔면 자산 가격은 폭락하고 우리는 금융 위기를 겪는다.

민스키의 '금융 불안정성 가설'이란 자산 가격이 폭락하는 상황에서는 부실한 자산을 가지고 있지 않은, 재무적으로 튼튼한 기업들마저도 연쇄적으로 도산 위험에 노출되기 때문에 금융 시스템이 붕괴하는 상황을 의미한다. 1998년 금융 위기 때 폴 매컬리가 '민스키 모먼트'라고 설명한 상황, 즉 경기 흐름이 부정적으로 돌아서면 기대 수익이 낮아져서 채무자가 과도한 부채를 감당하지 못하고 건전한 자산까지 팔아야 하게 만드는 바로 그 임계점을 의미하는 것이다.

그러면 금융이 발전한 상황에서 우리는 이러한 불안정성과 금융 위기의 위험을 어떻게 받아들여야 할까? 이에 대해 민스키는 "본래의 케인스주의로 돌아가자"라고 주장하며 자신만의 해답을 내놓는다. 사실 《불안정한 경제 안정화시키기》에서는 '본래의 케인스주의'에 대한 설명이 장황하지만 미비하기 때문에 일관된 주장을 하고 있는 민스키의 또 다른 저서인 《케인스 혁명 다시 읽기》을 참고해서 설명해보겠다.

민스키가 생각하는 본래의 케인스주의에 입각한 정책이란, 자본의 구조 조정에 대한 직접적이고도 적극적인 정부 개입 그리고 중앙은행의 적극적인 최종 대부자 역할로 정리할 수 있다. 단순하게 큰 정부, 큰 중앙은행이 아닌 명확한 공리적 목적을 가지고 전 경제적인 정책을 실행해야 한다는 것이다. 이러한 관점에서 민스키는 자본의 구조 조정 과정을 회피하고 시장에 맡기자고 주장하는 오스트리아학파의 주장에 반대한다. 이는 책임 소재를 불분명하게 하고, 정의에 어긋나 국민의 지지를 얻을 수 없기 때문이다. 반면 부채를 과도하게 늘리는 것을 가능케 해 경제 위기에 대한 책임 있는 금융 기관을 망하게 하는 방안에도 반대한다. 이는 대중 정서에는 맞을 수 있으나 공멸을 이끌어내는 무책임한 정책이기 때문이다.

이쯤에서 《불안정한 경제 안정화시키기》를 읽는 독자들은 약간 당황한다. 장황한 설명에 반해 결론이 명확하지 않기 때문이다. 이 책의 마지막 부분은 '개혁을 위한 어젠다'라는 제목을 가지고 있지만, 어젠다가 명확하게 정리되지는 않는다. 그래서 마지막 민스키의 주장은 나를 포함한 여러 전문가의 해석을 더해 정리해보려고 한다.

민스키는 결국 케인스가 주장한 '투자의 사회화'를 주장했다. 투자의 사회화란 시장 실패나 다른 여러 이유로 시장이 균형에서 벗어

낮을 때 정부가 시장에 개입하여 완전 경제가 균형으로 돌아가게 만드는 것을 뜻한다. 일반적으로 경기가 침체할 때, 정부가 투자를 통해 수요를 창출해서 경기를 활성화시키는 측면만을 논의한다. 그러나 투자의 사회화에는 경기가 과열돼 균형보다 더 많은 공급이 일어날 때 정부가 개입하여 시장을 안정시키는 것까지 포함한다.

◆ ## 인류는 금융 위기를 어떻게 바라보아야 하는가

민스키는 금융을 주시한 경제학자다. 1900년대의 많은 경제학자는 금융과 투자의 실무적인 측면에 관심을 갖지 않았다. 경제학은 금융과 투자를 공부하는 학문이 아닌 희소한 자원의 효율적 배분을 시장 참여자 개인의 수준(미시)과 경제 전체의 수준(거시)에서 고민하는 학문이기 때문이다.

그러나 민스키는 금융 정책 기관, 중앙은행 그리고 월가의 금융 기관과 가깝게 교류하며 금융에 대한 이해와 관심을 갖는다. 특히 워싱턴 대학에 재직할 때 만든 마크트웨인 은행과의 긴밀하고도 오래된 관계는 그에게 금융 기관의 관점에서 주기적으로 일어나는 금융 위기를 바라볼 기반을 만들어주었다. 민스키는 케인스, 피셔, 미하우 칼레츠키, 슘페터 등 저명한 경제학자들의 주장을 체득하고 여기에 금융 현장에 대한 자신의 이해를 적용하여 다양한 글을 써냈다.

이러한 이해를 바탕으로 쓰인 《불안정한 경제 안정화시키기》는 인류가 금융 위기를 어떻게 바라보아야 하는지에 대한 가이드를 제시한다. 심지어 이 책이 1986년에 쓰였다는 것을 감안하면 민스키의 통찰력은 놀랍기만 하다. 물론 금융 산업이 경제 생태계에 불안정성을 만들어내는 방법이 많이 바뀌지 않았음도 알 수도 있다.

민스키 모먼트라는 단어를 만든 핌코의 폴 매컬리는 2008년, 이 책에 대해 다음과 같이 평한다.

"민스키의 책은 그 어느 때보다도 지금 가치가 있다. 헤지(Hedge, 가격 변동의 위험을 선물의 가격 변동에 의해 상쇄하는 현물 거래), 투기 그리고 폰지(Ponzi, 피라미드형 투자 사기 방식) 단위로 완성된 그의 금융 불안정성 가설은 지난 반백 년 동안 미국의 부동산과 부동산 담보 대출 시장에 완벽하게 적용됐다."

비록 살아생전 빛을 보지는 못했지만 민스키와 그의 저서는 금융 산업과 금융 기관에 의한 경제의 불안정성이 지속되는 한, 그리고 우리가 금융 위기를 걱정하는 한, 반복적으로 중요한 시사점을 던져줄 것이다.

함께 읽으면 좋은 책

- 《벤 버냉키, 연방준비제도와 금융위기를 말하다》 벤 버냉키, 미지북스, 2014
- 《행동하는 용기》 벤 버냉키, 까치(까치글방), 2015

25

제프리 삭스
《빈곤의 종말》
2005

빈곤 퇴치를 위해 정책은
어떤 역할을 해야 하는가?

제프리 삭스(Jeffrey Sachs, 1954~)

경제학자, 정책 연구자. 컬럼비아 대학 교수. 1983년 만 28세의 나이로 하버드 대학 최연소 정교수가 됐다. 국제 개발 및 지속 가능 발전 연구에 기여했고, 전 세계 100여 개국가의 경제 전략 및 개발 정책 조언을 제공했다. IMF와 세계은행에 가장 비판적인 경제학자 중 하나다.

※ 주요 저서: 《지속 가능한 발전의 시대》 《커먼 웰스》 《문명의 대가》

통찰력과 전문성을 갖춘 당대의 석학이 저술한 모든 책이 다 그렇겠지만, 특히 《빈곤의 종말》을 논하는 데 있어 저자를 이해하는 것은 매우 중요하다. 이 책의 저자 제프리 삭스는 우주 대스타는 아니어도 경제학계의 대스타이기 때문이다.

삭스는 재미있는 스토리를 많이 가지고 있다. 그는 1976년 하버드 학부 경제학과를 최우등으로 졸업했다. 이후 하버드 대학에서 경제학 석사와 박사 학위를 4년 만에 받았다. 아카데믹 커리어를 시작하는 학자 모임인 Harvard Society of Fellow에서는 아직 박사 과정의 삭스를 초대할 정도로 촉망받는 학생이었다. 그리고 1980년 하버드 대학 조교수 임용, 1982년 하버드 대학 부교수 승진, 1983년에는 만 28세에 하버드 대학 최연소 정교수가 됐다. 이 정도면 하버드 대학에 뼈를 묻어야 할 것 같은데, 2002년 컬럼비아 대학으로 이직했다.

그는 하버드 재직 시절, 일본 마사코 황후의 학사 졸업 논문 지도 교수였다(물론 황후가 되기 전 이야기다). 심지어 마사코의 학부 졸업 논문은 훗날 마사코가 외교관으로 일하면서 일본 외무성의 공식 참고 자료로 활용되기도 했다. 2004년과 2005년 〈타임〉의 '세계에서 가장 영향력 있는 100인'에 2년 연속으로 선정됐으며, 〈뉴욕 타임스〉는 그를 '세계에서 가장 중요한 경제학자'라고 평했다.

현재 생존해 있는 경제학자 중 가장 유명한 10인을 뽑는다면, 삭스는 꼭 포함돼야 할 정도로 유명하고 업적도 많다. 혹자는 폴 크루그먼, 로렌스 서머스, 제프리 삭스를 '경제학계의 3대 슈퍼스타'라고 부르기도 한다. 특히 그는 러시아, 폴란드, 몽골, 슬로베니아와 같은 사회주의 국가들이 시장 경제 체제로 전환하는 데 자문 역할을 하면서 세계적 인지도를 얻었다. 1986년부터 1991년까지 볼리비아 대통령의 자문역을 맡으면서 볼리비아가 직면했던 40,000%(잘못 본 것이 아니다. 4만 퍼센트가 맞다!)의 인플레이션을 10%대로 끌어내린 업적으로 유명하다.

1980~1990년대 대외 채무와 인플레이션으로 인해 위기에 처한 개발도상국들과 사회주의 국가들을 자문하며 종횡무진 활약하던 삭스는 1997년 아시아 외환 위기를 목격한다. 삭스는 당시 IMF가 위기에 처한 개발도상국들에 내린 고금리 처방을 신랄하게 비판했다. 2002년에는 코피 아난 UN 사무총장의 경제 특별 자문으로 임명됐다. 특별 자문으로 그는 인류의 공동 발전과 번영을 위한 협력 포럼인 UN 밀레니엄 프로젝트를 입안하고 실행했다. 이 과정에서 전 세계 빈곤 국가들이 왜 가난한지 연구하고 분석하는 기회를 가진다.

《빈곤의 종말》은 삭스가 UN의 밀레니엄 프로젝트를 실행하면서 축적한 자료와 분석을 전 세계에 퍼트리고 가난한 국가들의 빈곤을 종식시키고자 쓴 역작이다. 사회주의 국가들과 경제 위기에 빠진 국가들을 자문하면서 저자가 축적한 경험과 지식 그리고 인류의 발전과 번영을 위해 UN에서 기울인 전 지구적 노력의 결실이 바로《빈곤의 종말》인 것이다.

◆ 가난해서 부패한 게 아니라,
부패해서 가난하다

일단《빈곤의 종말》은 재미있다. 삭스의 정책 자문 경험을 들려주는 형식이다 보니 독자 친화적이고 읽기도 편하다. 저자의 확신 넘치는 자세와 서슴없이 내뱉는 비판도 통쾌하다. 반면 설명은 강한 어투와 상반되게 자세하고 친절하다. 물론 저자의 이력이 너무 화려하다 보니 자신의 경험을 이야기하는 부분(이게 책 대부분의 내용이다)에서 자랑하는 것 같은 느낌을 받을 수 있다. 개인적으로는 제프리 삭스의 팬이다 보니 이런 부분 또한 즐겁게 읽을 수 있었지만 말이다.

이 책은 저자가 경험한 수많은 국가 사례를 중심으로 내용을 전개했다. 책을 다 읽고 나면 왜 많은 사람이 삭스가 경제학자에서 구약 성경의 예언자로 변신했다고 이야기하는지 알 수 있는데, 그가 빈곤을 우리 시대에 끝내기 위해 그만큼 애썼다는 것을 느낄 수 있기 때문이다.

이런 흥미로운 사례들에 몰입해 재미있게 책을 읽다 보면 어느덧 '빈곤 종말을 위한 현장 해결책'이라는 제목의 장을 마주하게 된다. 삭스는 국가가 빈곤을 이겨내고 자본을 축적하는 방법은 빈곤의 사슬을 최대한 빨리 끊어내고, 스스로 성장할 수 있는 자립 경제의 사다리에 올라타는 것이라는 명쾌한 답을 내린다.

삭스는 《빈곤의 종말》에서 다음과 같이 말한다.

"아프리카의 거버넌스가 나쁜 이유는 아프리카가 가난하기 때문이다(Africa's governance is poor because Africa is poor)."(원문 병기를 즐기지 않지만 이 문장은 라임이 인상 깊어 원문을 제공한다.)

정부가 부패하고 전근대적이고 문화 규범이 퇴행적이어서 아프리카가 가난한 것이 아니라 아프리카가 가난하기 때문에 정부가 부패하고 전근대적이고 문화 규범이 퇴행적이라는 의미다.

결론적으로 삭스는 한 국가의 경제적 실패에는 자연과 지리적 환경, 대외 채무를 비롯한 재정 부족, 무역에 악영향을 미치는 지리적 문제, 혁신 부족, 과다한 인구와 같은 수많은 이유가 있을 수 있다고 주장한다. 그리고 이렇게 실패한 국가는 너무 가난해서 미래를 위해 투자해야 할 자본을 축적할 수 없어서 빈곤한 것이라고도 이야기한다. 즉, 빈곤 그 자체의 함정이 바로 대부분의 가난한 국가가 경제 성장을 이루지 못하는 가장 중요한 이유라는 뜻이다.

삭스는 단순히 빈곤의 굴레를 벗어나는 것이 빈곤 그 자체의 함정에서 빠져나오는 방법이라고 주장하는 데서 그치지 않았다. 그는 IMF, 세계은행 그리고 미국의 대외 원조와 기부 정책을 신랄하게 비판한다.● 그리고 빈곤의 함정에 빠져 있는 국가와 사람들이 스스로 일어설 수 있도록 전 세계적인 도움과 협력이 필요하다고 주장한다.

《탈무드》는 "물고기를 주지 말고, 물고기 잡는 법을 가르쳐라"라

● 여기서 재미있는 문장이 등장하는데 "테러리즘과 싸우기 위해서는 '대량 파괴 무기'가 아닌 에이즈 치료 약품, 말라리아 방지 모기장, 깨끗하고 안전한 수원 등과 같이 사람의 목숨을 구할 수 있는 '대량 구제 무기'가 필요하다"가 그것이다.

고 말한다. 삭스는 여기에 대한 답으로 '일단 물고기를 주어 무엇인가를 배울 수 있을 만큼 건강하게 만들고 시작하자'라고 제시한 것이 아닐까.

◆ **빈곤에 대한 진지한 접근이
필요함을 알려준 책**

영국의 유명 경제 전문 잡지 〈더 이코노미스트〉에서는 《빈곤의 종말》에 대해 다음과 같이 평했다.

"책과 저자 모두 훌륭하고, 열정적이며, 낙관적이고, 행동하고 싶어 한다. (…) 뛰어난 책이다."

《빈곤의 종말》은 2005년 12월 30일 출간되어 곧바로 베스트셀러가 되었다. 그리고 선진국 사회에 커다란 메시지를 던졌다. 빈곤을 끝내기 위해 개발도상국들에 더 많은 원조를 제공해야 한다는 그의 논리는 수많은 사회 운동가를 그의 팬으로 만들었고, 선진국들의 선한 의도를 원하는 세계의 수많은 이가 찬사를 보냈다. 그리고 밀레니엄 프로젝트를 통해 국제 사회의 원조를 늘리기 위해 노력하던 UN 또한 이에 호응했다.

그러나 이 책에 쏟아진 관심과 찬사 그리고 호응에 반해 실질적인 국제 정책적 변화는 미미했다. 이유는 자명하다. 개발 원조를 결정하는 세계의 의사 결정권자들은, 개발 원조를 통해 실질적으로 빈곤을 구제하지 못한다는 것을 아주 잘 이해하고 있기 때문이다. 삭스는 통치의 실패는 빈곤의 원인이 아닌 결과라고 주장했다. 이는 사실일 수도 있으나 통치의 실패로 인해 개발 원조는 효과적으로 사용되지 못하고 빈곤에 도움이 안 되는 경우 또한 매우 많은 것도 사실이었다. 이에 원조를 통해 상황이 개선될 수 있다는 삭스의 주장은 희망 사항에 불과하다는 비판도 제기됐다. 그리고 이 책은 이러한 비판에 대해 답을 제시하지는 못한다. 이러한 관점에서 몇몇 사람들은, 돈을 뿌려 빈곤을 퇴치하자고 주장하는 《빈곤의 종말》이 현실 감각이 부족한 학자의 순진함이 낳은 산물이라고까지 이야기하기도 했다.

　《빈곤의 종말》에 대한 반응은 분명 엇갈린다. 그러나 이 책이 인류에게 공헌한 한 가지 확실한 점이 있다. 우리가 빈곤 문제를 더 진지하게 받아들이고 심각하게 접근하게 됐다는 점이다. 그들에 더 많은 관심을 기울이고 이들을 위한 전 지구적인 노력이 필요함을 알려준 것만은 틀림없다.

함께 읽으면 좋은 책

- 《세상은 여전히 불평등하다》 아마르티아 센, 21세기북스, 2018
- 《힘든 시대를 위한 좋은 경제학》 아비지트 배너지 · 에스테르 뒤플로, 생각의힘, 2020

26

토마 피케티
《21세기 자본》
2013

영원한 논쟁거리,
부의 분배에 대한 연구

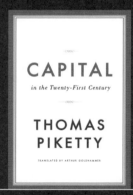

토마 피케티(Thomas Piketty, 1971~)

부와 불평등에 대해 연구하는 프랑스의 경제학자. 22세에 런던정경 대학에서 박사 학위를 마치고 MIT 조교수로 임용됐으나, 3년 뒤 귀국하여 프랑스 국립과학연구소 연구원으로 활동했다. 현재는 파리경제 대학 교수로 재직 중이다.

※ 주요 저서: 《자본과 이데올로기》

《국부론》이후, 자유 시장 경제 원리를 받아들인 대부분의 나라는 대규모 경제 성장을 경험했다. 자본주의의 격렬한 비판자들도 이를 부정하지 않는다. 그러나 자본주의가 낳은 결실이 완벽했던 것은 아니다. 눈부신 경제 성장의 결실은 불균등하게 분배되었기 때문이다. 마르크스가 노동자들의 비참한 실상을 고발한 지 거의 200년이 다 돼가는 21세기에도 빈부 격차는 여전히 인류의 숙제로 남아 있다.

부의 불평등에 대한 논의는 산업 혁명 시기까지 거슬러 올라간다. 이에 대해 심도 있게 연구한 학자 중 가장 영향력 있는 세 사람이 리카도와 마르크스 그리고 사이먼 쿠즈네츠라고 생각한다.

19세기의 경제학자로서, 애덤 스미스와 더불어 자유 무역주의를 뒷받침하는 근거를 마련한 리카도는 소득뿐 아니라 재산의 불균형에 주목했다. 그는 경제 발전으로 인해 인구가 계속 증가하면, 식량 소요가 더 늘어나는 반면 농지는 한정되어 있다는 점에 집중했다. 따라서 지주들이 떼어가는 지대는 끝없이 오르지만, 실제 생산자들이 가져갈 몫은 점점 줄어든다는 것이다. 이 때문에 그는 지주들이 걷는 지대에 높은 세금을 매겨서 이들의 부와 힘이 기하급수적으로 늘어나는 것을 막아야 한다고 말했다.

그러나 리카도의 걱정과 달리, 지대의 상승은 꾸준했지만 천정부지로 치솟지는 않았다. 경제의 중심이 농업에서 산업으로 넘어가면서 농지에 대한 수요가 점차 감소했기 때문이다. 그럼에도 불구하고 마르크스는 부의 불평등이 산업 시대에도 심화될 것이라 믿었다. 리카도의 논리에서 농지 대신 공장과 기계 같은 산업 자본을 대입하면 마찬가지로 자본가들이 부와 권력을 독점할 것이라 믿은 것이다.

마르크스는 자본가와 노동자의 관계란 마치 대지주와 소작농 같은 것이고, 세상은 생산 수단을 소유한 자와 그렇지 못한 자로 나뉜다고 보았다. 자본주의는 이 격차를 태생적으로 점점 벌릴 수밖에 없고, 이것이 극에 달하면 노동자들이 아예 혁명을 일으키며, 생산 수단을 힘으로 재분배하는 것이 자본주의의 필연적인 종말이자 공산주의의 시작이라고 본 것이다. 그러나 역사 속에서 공산주의는 동구권 일부 국가들에 국한되었을 뿐이며, 지극히 자본주의적인 국가들도 몰락하지 않고 여전히 남아 있다. 리카도와 마르크스 둘 다 무언가를 놓친 것이다.

경제학은 철학과 정치학에서 출발했지만, 점점 독자적인 학문으로 발전하며 물리학, 수학처럼 과학화되는 양상을 보였다. 앞서 두 초기 경제학자의 주장도 그렇다. 이때의 경제학은 철학적 사고에 근간한 논리적 주장, 굳이 폄하하면 개연성 있는 이야기일 뿐 엄밀한 의미의 사회과학이라고 보기는 어렵다. 경제학에 요구되는 현대적 수준의 학문적 잣대를 대려면 적어도 가설(이론)과 실증적 분석(데이터 검증)이 있어야 한다. 그리고 이런 과학적 연구 방법론을 이용해 빈부 격차를 연구한 것이 1971년 노벨경제학상 수상자 쿠즈네츠다.

쿠즈네츠는 데이터가 뒷받침된 엄밀한 분석을 위해 경제를 측정하는 여러 지표를 만들었다. 그중 하나가 오늘날에도 국부를 측정하는 지표인 GDP다. 그리고 미국의 소득세 통계 자료 등 방대한 양의 데이터를 수집하여 이를 바탕으로 분석했다. 그의 1963년 연구는 경제 발전의 초기에는 부의 불평등이 심화되지만, 경제가 성숙할수록 빈부 격차는 줄어든다는 '쿠즈네츠 곡선'으로 정립됐다. 이에 경제 성장이 장기적으로는 불평등을 해소할 것이라는 인식이 힘을 얻었고, 사람들은 케네디 대통령의 연설대로 "성장이야말로 모든 배를 띄우는 밀물"이라고 믿었다.

하지만 세상이 너무 순진했던 것일까? 20세기 후반에 접어들며, 눈부신 경제 성장에도 불구하고 부의 불평등은 해소되지 않았음이 가시적으로 드러났다. 성장만으로 불평등을 해결할 수 없다면 이제 어떻게 해야 하는가? 쿠즈네츠 곡선으로부터 반세기가 지난 2013년, 그의 이론에 대한 강력한 반박으로서 피케티가 출간한 책이 바로《21세기 자본》이다.

◆ '소득' 불평등이 아닌 '자본' 불평등이 문제다

튼튼한 가설과 데이터 검증에도 불구하고 현실을 설명하지 못한 쿠즈네츠를 비판하기 위해, 피케티는 더 방대한 자료를 수집했다. 1913년부터 1948년까지 미국의 데이터를 바탕으로 연구한 쿠즈네츠와 달리, 피케티는 18세기까지 거슬러 올라가 미국은 물론 유럽의 데이터까지 긁어모았다.

이에 더해 그는 쿠즈네츠가 빈부 격차의 중요한 측면을 놓쳤다는 것을 파악했다. 쿠즈네츠가 '소득' 불평등에 중점을 두고 연구한 것에 반해 피케티는 축적된 재산까지 고려해 '부'의 불평등까지 연구에 포함한 것이다. 그리고 이 차이가 쿠즈네츠의 맹점이자 그와 피케티의 결론 차이를 유발한 결정적인 요소다.

피케티는 방대한 데이터와 수학적 모델을 통해 분석했지만, 그가 도출한 결론을 소화하는 것은 어렵지 않으며, 수학도 필요 없다. 결론부터 말하면 빈부 격차는 쿠즈네츠의 주장과 달리 심화되었고, 그 이유는 경제 성장률보다 자본 수익률이 더 컸기 때문이다.

경제 성장률이란 말 그대로 경제가 성장하는 폭이며, 국민의 소득 성장을 나타내는 척도이기도 하다. (오류를 감안하더라도) 쉽게 풀어 말하면 월급 성장률이라고도 볼 수 있다. 반면 자본 수익률은 축적된 재산 가치가 얼마나 빨리 성장하느냐를 뜻한다. 증권, 부동산, 예금 등 이미 모아놓은 재산이 얼마나 빠르게 증식되는지를 나타내는 지표인 것이다.

18세기부터 현재까지 이르는 데이터를 분석한 끝에 피케티는 충격적인 결과를 발견한다. 대공황과 전시를 제외하면 자본 수익률이 경제 성장률을 꾸준히 압도한 것이다. 이것이 의미하는 바는 암담하다. 국민 전체 소득이 증가하는 속도보다 자본이 증식하는 속도가 빠르다는 것은 빈익빈 부익부를 의미하는 것으로, 이미 자본을 가진 사람의 재산 증식 속도가 훨씬 더 빠르다는 의미다. 그리고 복리 효과를 고려하면 이 격차는 해가 갈수록 심해질 수밖에 없다.

이런 암시는 데이터 속에서 실현되고 있었다. 유럽은 인구 증가가 정체되고 경제 성장도 둔화되고 있지만, 자본은 빠르게 증식하고 있었다. 이 추세대로라면 유럽은 가문 대대로 상속받은 부가 곧 나의 경제력이었던 18세기 세습자본주의 시절처럼, 빈부가 꼼짝없이 대물림되는 사회가 될 것이라고 피케티는 경고했다.

그렇다면 피케티가 제시하는 대응 방안은 무엇일까? 그의 연구 결과에서 중점이 되는 것은 소득 불평등이 아니라 재산 불평등이다. 그리고 이 격차는 점점 심화되며 사회를 위협하는 수준까지 이르고 있다. 따라서 피케티는 '글로벌 부유세'를 도입하자고 말한다. 돈을 많이 버는 사람일수록 더 많은 세율을 적용받는 누진 소득세처럼 누진 자본세가 있어야 한다는 것이다.

문제는 한 나라에서 자본세를 도입하면, 부자들은 옆 나라로 재산을 옮기면 그만이라는 것이다. 그리고 부의 이런 대규모 해외 도피는 해당 국가 경제에 큰 타격을 입힌다. 그렇기에 누진 자본세를 도입하려면 한 나라뿐 아니라 세계 동시 도입이 필요하다. 이는 막중한 과업이다. 한 나라에 새로운 세제를 도입하는 것도 쉽지 않은데, 국제적 수준의 협력까지 이끌어내기란 커다란 난관이기 때문이다.

그럼에도 피케티는 글로벌 자본세가 꼭 필요하며, 꼭 도입될 것이라고 말한다. 그가 이렇게 믿는 이유는 간단하다. 마르크스는 빈부 격차가 한계를 넘으면 혁명이 일어나며 체제가 전복될 것이라고 예견했다. 그리고 지금처럼 부의 불평등이 계속 심화되면 종국에는 커다란 사회 불안이 야기될 것임이 분명하다. 이런 상황에서 결국 혁명과 민주주의의 상실보다는 글로벌 자본세가 더 나은 대안이기 때문에 세계는 이를 도입할 수밖에 없을 것이라고 말한 것이다.

◆ 자본주의와 민주주의가 공존할 방법을 고민하다

부의 불평등처럼 열띤 논쟁을 불러올 주제가 또 있을까? 피케티가 《21세기 자본》을 출간한 이후, 학계의 저명한 경제학자들은 이 책을 놓고 격렬한 논의를 벌였다. 심지어 《21세기 자본》의 출간 3년 뒤에는 《애프터 피케티》라는 제목의 에세이 모음집이 출간될 정도였으니 말이다.

《21세기 자본》은 영문판으로 50만 부 이상이 팔렸고, 하버드 대학교 출판부 101년 역사를 통틀어 한 해 동안 가장 많이 팔린 책으로 등극했다. 이렇게 대중과 정계에 뜨거운 반응을 그리고 학계에 격렬한 논쟁을 유발한 피케티의 주장에는 많은 비판도 따랐다.

가장 강한 비판 중 하나는 먼저 불평등의 정의에 대한 비판이다. 피케티는 재산 격차를 불평등으로 보았지만, 비판자들은 단순히 재산의 차이가 아닌 계층 이동의 가능성도 반영해야 한다고 말한다. 격차가 커도 '피라미드의 꼭대기'에 오른 사람이 수시로 교체될 수 있다면 이는 기회의 평등을 나타낸다는 것이다. 그리고 기회의 평등을 통해 고착화된 불평등을 완화하는 것이야말로 자본주의의 강점이라는 주장이 그것이다.

그 외에도 피케티의 이론에서 누락되거나 불완전한 부분, 글로벌 부유세의 현실성에 대해서도 긴 논의가 이어졌다. 그러나 그보다도 피케티의 책을 읽는 사람들이 부의 불평등을 생각할 때 잊지 말아야 하는 부분이 있다.

현대인들은 경제와 정치를, 좀 더 정확하게는 부와 권력을 분리해서 생각하려는 경향이 있다. 이런 생각에 대해 가장 강하게 비판할 이들이 어쩌면 미국의 건국자들이다. 아이러니하게도 오늘날 자본주의를 가장 중요하게 생각하는, 나라의 DNA에 자유 민주주의를 새긴 이들 말이다. 미국 독립 선언문을 작성한 토머스 제퍼슨과 벤저민 프랭클린은 부의 지속적인 축적을 막기 위해 오늘날 기준으로 좀 극단적인 재분배 정책을 입헌하려고 하기도 했다.

5년마다 토지를 무상 재분배하거나 펜실베이니아주 헌법에 "집약된 재산은 인류 행복을 위협한다"라고 새기려던 그들의 시도는 무산되었지만, 조금 더 현실적으로 부의 장기적인 축적을 막는 제도인 상속세와 재산세는 오늘날까지 다양한 나라에서 이어지고 있다.

자유주의와 작은 정부를 추앙했던 이들이 그 같은 행보를 보였던 것은, 미국이 유럽의 봉건 체제의 안티테제로서 탄생한 나라이기 때문이다. 그들은 귀족 가문이 부를 독점하고, 이를 바탕으로 소수의 지배층이 수 세기 동안 국민을 착취하는 유럽 사회상을 경멸하고 또 경계했다. 미국의 건국자들은 부와 권력을 떼어서 생각할 수 없다는 점을 직관적으로 간파하고 있던 것이다.

그리고 이것이 부의 불평등 문제에 대한 논의가 어려운 근본적인 이유다. 경제적 논리를 뒤로하더라도, 개인의 사유 재산권은 마땅히 존중받아야 하며 이는 미국은 물론 우리나라의 헌법에도 보장돼 있다. 그러나 사유 재산권이 극단에 치달으면 자유 민주주의에 위해를 가하는 요인으로 작용할 수 있는 것이다. 즉, 부의 불평등에 대한 논의는 흔히 단순화하는 것처럼 '성장 vs. 분배'의 문제가 아니라 오히려 민주주의와 자본주의 사이에서 외줄을 타는 것과 가깝다.

이는 민주주의와 자본주의가 서로 충돌하지 않는다는 세간의 인식과 반대된다. 통상적으로 부의 불평등을 해소하려는 제도적 장치들은 개인의 자유를 구속하고, 자유 시장을 왜곡하는 시도로만 여겨졌다. 반대로 피케티는 오히려 부의 불평등 문제를 해결해야만 자본주의와 민주주의 둘 다 유지될 수 있다고 보았다. 이런 점에서 피케티의 업적은 단순히 부의 불평등에 대한 쿠즈네츠의 주장을 논파한 것 이상의 의의다. 자본주의와 민주주의가 공존할 방법을 탐구하도록 학계의 흐름을 형성한 것이다. 동시에 그는 독자들에게 으스스한 경고를 남겼다. "부를 거머쥔 자가 정치도 거머쥐게 될 것이다"라는 게 바로 그것이다.

6장

★

지금
우리를 위한
새로운
경제학 고전

27

아돌프 벌리·가디너 민스
《근대 기업과 사유 재산》
1932

ESG의 선구자
역할을 한 책

The Modern
Corporation
& Private
Property

Adolf A. Berle
& Gardiner C. Means

With a new introduction by
Murray Weidenbaum & Mark Jensen

아돌프 벌리(Adolf Berle, 1895~1971)

미국의 법학자, 경제학자, 변호사, 교육자, 작가이자 외교관. 루스벨트 행정부의 자문 기관인 '브레인 트러스트'의 주요 멤버. 컬럼비아 대학 교수, 국무부 차관보, 브라질 대사를 역임했다. 주주의 권리를 강력히 대변하여 미국의 카를 마르크스라는 별명을 얻었다. 그의 궁극적인 사상적, 정책적 목표는 독점 대기업의 지배로 인해 훼손된 자유 경쟁 원칙을 복구하는 것이었다.

가디너 민스(Gardiner Means, 1896~1988)

미국의 경제학자이자 하버드 대학 교수. 루스벨트 행정부의 경제 자문.

19세기 중엽부터 말까지 미국은 도금 시대를 맞았다. 남북 전쟁이 끝난 미국은 사회적, 지역적 대통합을 이루며 비약적인 경제 발전을 이룩해낼 수 있었다. 급속한 산업화를 바탕으로 대량 생산을 추구했고, 대량 생산을 위해서는 대규모 인프라 구축이 필요했다. 이 인프라 구축에 참여한 이들은 큰돈을 벌 수 있었는데, 경제 발전에 필수적인 산업들에 자본이 몰리기 시작했다.

돈이 몰리는 산업에 속한 기업들은 서로 합병을 통해 트러스트(Trust)● 형태로 필수 산업들을 독점했다. 이들은 산업 독점을 통해 몸집을 키워 대기업이 된 후 그 규모를 이용해 다른 기업들의 진입을 막아 독점을 공고화했다. 당시에는 이런 트러스트가 약 200개가량 존재했다. 대표적인 예가 잘 알려진 철강왕 앤드루 카네기의 카네기 스틸, 석유왕 존 록펠러의 스탠더드 오일 석유 트러스트, 담배 산업의 제임스 듀크가 만든 아메리칸 타바코 등이다.

이러한 독점 대기업들은 가격 조작과 같은 비도덕적인, 가끔

● 같은 업종의 기업이 경쟁을 피하고 더 많은 이익을 얻을 목적으로 자본에 의해 결합한 독점 형태.

은 불법적인 방식을 통해 산업 내 독점적 지위를 유지했다. 일례로 1869년 제이 굴드와 짐 피크스를 중심으로 하는 거대 금융 자본가들이 담합을 통해 시중의 금을 매수해 인위적으로 가격을 올렸다. 당연히 되팔아서 시세 차익을 내려고 한 것이다. 이러한 금 투기는 9월 24일 금요일, 역사상 처음으로 검은 금요일(Black Friday)이라고 일컬어지는 공황의 원인을 제공한다. 금 시장 붕괴의 시초를 제공한 제이 굴드는 시세 조작뿐 아니라 뇌물을 통한 로비도 서슴없이 했다.

이러한 문제를 해결하기 위해 미국 의회는 1890년 반독점법을 발의하지만 실제적인 문제 해결에는 실패했다. 독점 대기업에 비판적이던 루스벨트 대통령은 1903년 기업국을 만들어 독점 대기업들을 견제하고자 했지만, 이러한 노력을 비웃듯 JP모건은 카네기 스틸을 인수해 제조업과 금융업을 종합하는 머니 트러스트를 만드는 데 성공한다. 이에 미국 의회는 1912년 푸조 위원회 개최, 1913년 헌법 수정 조항 제16조 입법과 연방 준비 제도 설립, 1914년 클레이턴 반독점법 등의 정책적 노력을 통해 독점 대기업들을 견제하고자 했다. 이러한 노력은 어느 정도의 추가적 성과를 내기는 했으나 독점 대기업 문제를 해결하기에는 부족했다.

아돌프 벌리와 가드너 민스는 이러한 사회적 분위기를 반영하여 대기업이 미국에 미치는 영향을 총체적으로 분석하고 주주의 이익을 극대화시키는 방안을 제시했는데, 이를 정리한 것이 바로《근대 기업과 사유 재산》이다.

기업의 사회적 책임에 대해
질문한 최초의 책

《근대 기업과 사유 재산》이 쓰인 1930년대에는 이미 독점 대기업에 의한 경제력 집중 문제가 계속해서 제기되고 있었다. 그러나 얼마만큼의 자본이 어떠한 형식으로 대기업들에 의해 통제되고 소유되는지에 대한 구체적인 통계가 있던 것은 아니었다. 《근대 기업과 사유 재산》은 통계와 실증 근거를 토대로, 세계 최초로 대기업에 의한 경제력 집중 현상을 계량적으로 분석한 책이다. 그 결과, 200대 대기업이 미국 자본의 22%를 통제하고 있음이 통계적으로 밝혀졌다.

이에 더해 주식회사의 지배 구조와 소유 구조가 소액 주주 비중에 따라 변화할 수 있다는 것도 통계적으로 보여줬다. 당시 미국의 많은 기업은 설립자와 그 친인척들이 기업을 지배할 정도의 지분을 확보해 경영자이자 최고 의사 결정권자 역할을 하고 있었다. 즉, 기업의 소유 구조와 지배 구조가 일치했던 것이다. 그런데 19세기 말, 20세기 초 급격한 경제 발전으로 인해 일반 시민의 부가 증가했다. 또 같은 시기에 금융업의 발달로 자본 시장은 질적, 양적 팽창을 경험했다.

경제가 성장하고 부가 증가하자 기업은 더 많은 물건을 생산하기 위해 더 많은 자본을 필요로 했다. 이에 발달된 자본 시장을 통해 불특정 다수의 투자를 유치하게 되고, 이로 인해 주식 시장을 통해 기업의 소유 구조에서 소액 주주들이 차지하는 비중이 급격하게 늘어났다. 아돌프 벌리는 이 책에서 기업 소유 구조에 있어 소액 주주의 비중 증가에 대한 통계치를 기반으로 기업 소유 구조가 변화하고 있음을 검증했다.

벌리는 기업의 지배 구조가 주주 총회, 이사회, 경영진으로 소유와 경영이 분리돼 구성되는 이유는 기업의 규모가 크고 업무가 너무 많아 주주들이 직접 경영에 참여하기 어렵기 때문이라고 주장했다. 즉, 회사의 소유자인 주주들은 기업의 일상적인 업무를 경영진에게 위임한다. 그런데 주주와 경영진의 이익이 완전히 일치하는 것은 사실상 불가능하기 때문에 대리인 문제●가 생긴다. 그래서 주주들은 경영진이 주주의 이익을 위해 일하게 하려고 이사회를 선임해 경영진을 감독하게 한다.

《근대 기업과 사유 재산》이 쓰이던 당시, 독점 대기업들은 발전된 주식 시장을 통해 기업을 공개(외부 투자자들에게 회사의 주식을 파는 행위)하기 시작했다. 이로 인해 대부분 기업이 소액 주주들에 의해 소유된다. 주주의 숫자가 엄청나게 늘어나 주주 총회에 모든 주주가 참석할 수 없게 되자, 주주들의 권리 행사는 더 어려워졌다. 벌리는 이러한 현상을 주주들이 '능동적 소유자'에서 '수동적 소유자'로 전락하게 됐다고 설명했다. 즉, 대리인 문제가 더 심각해졌다는 것이다.

지금까지의 내용을 정리하면 다음과 같다. 미국의 22% 국부는 200개 독점 대기업에 편중돼 있다. 그런데 이 독점 대기업들은 소유주인 주주의 숫자가 너무 많다 보니 경영진들이 이 기업들을 좌지우지한다. 그러므로 미국 국부의 많은 부분이 이 경영진들의 손에 들어

● 자신의 이해에 직결되는 의사 결정을 타인에게 위임할 때, 그 대리인이 위임자의 이익이 아닌 대리인 자신의 이익을 위해 의사 결정을 내리는 문제.

가 있다.

이러한 문제를 해결하기 위해 벌리는 정부가 규제를 통해 기업의 경영진이 주주의 이익은 물론 사회 전체에 대한 책임을 위해 일하도록 강제해야 한다고 주장했다. 규제로 대리인 문제를 해결할 수 있다는 것이다. 동시에 경영진이 사회적 책임을 고민하게 만들어 자신들에 편중된 부를 이용해 미칠 수 있는 부정적인 사회적 문제를 최소화시킬 수 있다고도 주장했다.

◆ **기업의 의미와
역할을 확장하다**

《근대 기업과 사유 재산》은 무려 1932년에 쓰인 책이다. 우리는 보통 ESG의 시작을 2004년 UN이 제정한 '사회적 책임 투자 원칙(PRI)'에서 찾는다. 그러나 ESG 가운데 기업 거버넌스에 대한 고민을 시작한 책 중 하나가 바로 이 책이다.

《근대 기업과 사유 재산》은 대기업의 법적 지위와 사회적 의의 그리고 정치적 함의에 대한 진지한 질문을 던진 선구적인 책 중 하나다. 이후 재무 이론, 기업 지배 구조, 법경제학 등 경제학과 재무학의 다양한 분야에 큰 영향을 미쳤고, 특히 이 책을 빼놓고는 제도주의 경제학에서 독점 대기업의 경제력 집중에 대해 논의할 수 없을 것이다.

기업의 사회적 책임론은 이 책의 저자인 벌리와 하버드 법학자인 도드의 '유명한 논쟁'으로부터 시작됐다고 이야기된다. 이는 기업

이해 관계자의 범위를 기업 내부에 한정할지 아니면 기업의 사회적 책임 범위 안에 있는 다른 관계자들까지 포함할지에 대한 논쟁이었다. 이 논쟁은 기업의 사회적 책임이라는 개념에 대한 관심을 불러일으켰고, 궁극적으로《근대 기업과 사유 재산》은 CSR(Corporate Social Responsibility, 기업의 사회적 책임) 이론이 체계화되는 데 크게 공헌한다.

이 책은 기업을 보는 시각에도 변화를 가져왔다. 기존에는 기업을 '사적인 사업 도구'라고 보았으나 이 책은 기업을 보는 관점을 경제적 관점에 국한하지 않고 정치적 관점으로 확장했다. 이를 통해 기업에 대한 정치사회적 분석이 가능함도 보여주었다. 또 정확한 통계치를 통해 독점 대기업의 경제적 집중 문제를 정치적 문제로 부각시켰다. 기업은 사회에 경제적 영향뿐 아니라 정치적 영향까지 미친다는 것을 우리에게 알려준 것이다.

함께 읽으면 좋은 책

- 《만약 고교야구 여자 매니저가 피터드러커를 읽는다면》 이와사키 나쓰미, 동아일보사, 2022
- 《착한 소비자의 탄생》 제임스 챔피, 21세기북스, 2009

28

나심 탈레브
《블랙 스완》
2007

인간은
모른다는 것을 모른다

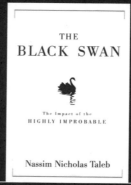

나심 탈레브(Nassim Taleb, 1960~)

레바논계 미국인 수리 통계학자이자 투자자. 투자 은행에서 파생 상품 트레이더였던 그는 학계로 전향한 후 동시에 작가로도 활동 중이다. 탈레브는 현대 경제가 정교하고 안정적이라는 인식을 정면으로 비판하며 금융 시스템의 허점을 지적했다. 그는 금융 경제는 물론 세상 전반의 불확실성과 무작위함을 드러내는 여러 저서를 남겼다.

※ 주요 저서: 《스킨 인 더 게임》《안티프래질》《행운에 속지 마라》

책의 이름이기도 한 '블랙 스완' 즉, 검은 백조는 가능성이 매우 낮아 일어날 리 없다고 여겨지거나 혹은 아예 가능한지도 몰랐던 갑작스러운 사건을 가리킨다. '흑조 사건'이라는 용어의 어원은 그 뜻을 정확히 담아낸다.

호주 대륙이 발견되기 전, 유럽 사람들은 세상의 모든 백조는 흰색이라고 생각했다. 그러나 호주에서 검은 백조가 발견되자 '모든 백조는 흰색이다'라는 명제는 거짓이 됐다. 오랜 기간 줄곧 받아들여지던 믿음이 단 하나의 반례로 깨어진 것이다.

이들 흑조 사건들은 희박한 발생 확률 탓에 불가능한 것처럼 여겨지다가도, 일단 발생하기만 하면 평범하게 하루하루 반복되던 세상을 통째로 바꿔 놓는다. 인간은 언제나 통용돼왔던 법칙, 시스템 혹은 세계관에 따라 대부분의 삶을 보낸다. 그러나 실제로 세상을 움직이고, 새로이 정의하는 것은 흑조 사건인 것이다.

이에 맞는 대표적인 예시가 세계 금융 시스템과 경제다. 금융, 경제 시스템은 평범한 사람들이 감을 잡을 수조차 없는 복잡한 수리 통계적 계산으로 구성돼 있다. 이를 바탕으로 '전문가'들은 세상이 예측 가능한 범위 안에서 안정적으로 움직인다고 말하고, 더 나아가 미래까지 내다보려 한다. 그렇다면 이들이 예상한 대로 세상은 굴러갈까?

불행하게도 정규 분포에 기반한 모델에 세상을 담아내려는 시도는 보기 좋게 실패하기 마련이다. 평균에 근접한, 보통의 나날을 겪는 것 같다가도 극단적인 사건이 역사를 좌우한다. 1929년의 세계 대공황이나 2008년 금융 위기는 물론 두 차례의 세계대전이나 인터넷의 발명과 같은 사건들은 예측을 불허했을 뿐만 아니라 세상을 바꿔 놓았다.

그런데도 세상은 고집스럽게 통계적 모델을 이용해 세상을, 미래를 예측하려고 애쓴다. 그리고 흑조 사건이 발생하면 격변이 일어날 것임에도 확률이 낮다며 가능성을 무시하려고 한다. 반면 탈레브는 '자신이 모른다는 것을 모르는' 이들 전문가를 신랄하게 비판하며, 안일하게 통계적 모델에 기대는 것이 얼마나 위험한 일인지 지적한다.

그는 수리 통계학을 전공했으며, 이를 기반으로 한 파생 상품 매매를 통해 큰돈을 벌었음에도 오히려 통계적 예측의 어려움과 인간의 무지함을 강조한다. 통계적 예측 모형의 무용함과, 언제나 도사리고 있는 흑조 사건의 가능성을 설파하는 그에게 '전문가'들은 이렇게 말한다. "탈레브 선생, 그렇게 겁이 많아서 길은 어떻게 건너가시오?" 그러나 그가 말하려는 바는 길 가까이도 가지 말라는 게 아니다. 단지 눈을 감고 길을 건너지는 말라는 것이다.

위험으로 가득한 세계를
살아가기 위한 방법

탈레브가 《블랙 스완》을 통해 달성하려는 바는 세상이 연속적이고, 논리적 흐름을 따른다고 착각하는 독자들의 세계관에 흑조 사건의 존재를 그려 넣으려는 것이다. 이를 위해 그는 먼저 인간의 미래 예측 능력이 얼마나 형편없는지 설명한다.

레바논 출신의 탈레브는 유년기까지만 해도 평화롭고 풍족한 낙원이던 자신의 고향이 내전에 휩싸이게 된 이야기를 시작한다. 1,000년 넘게 수많은 종교와 문화가 얽히고설키면서도 상생을 이뤄왔던 역사 탓에, 많은 사람은 전쟁이 며칠 가지 않을 것이라고 확신했다. 그러나 레바논 내전은 17년이 넘게 지속됐다. 같은 실수를 반복한 것은 레바논 사람들만이 아니었다. 공산 혁명을 피해 미국으로 온 쿠바인들, 이슬람 혁명을 피해 프랑스로 피난 간 이란인들 역시 '늘 그랬듯 다시 평화가 찾아오면 다시 돌아갈 수 있겠지'라며 옷 가방을 절반만 채우고 몸만 빠져나왔다. 그렇게 수십 년이 흘렀다.

왜 이런 잘못된 예측이 일어나는 것인가? 이는 아이러니하게도 인간이 탁월한 이야기꾼이기 때문이다. 전쟁의 향방은 극단적으로 불확실하며, 한 치 앞을 내다보기 힘들다. 그럼에도 시간이 지나면 인간은 '이런 사건의 전개는 필연이었어'라며 모든 것을 설명하는 그럴 듯한 이야기를 지어낸다. 그리고 과거가 너무나 쉽게 설명된다고 착각하기에, 우리는 미래도 분명히 내다볼 수 있다고 과신하는 것이다.

이는 추수 감사절 전야의 칠면조와 다름없다. 칠면조는 한평생 자신을 먹여 살린 인간이 선하고 고마운 존재라고 생각하지만, 추수 감사절 아침 오븐에 구워진다. 칠면조는 세상이 돌아가는 원리를 깨우쳤다고 생각했을 것이다. 그러나 수많은 평범한 하루가 아닌, 예측하지 못했던 '특별한' 하루로 인해 운명은 뒤바뀐다.

한 번의 돌발 사건으로 모든 게 뒤바뀌는 세상에 사는 것은 인간도 마찬가지다. 탈레브는 세상은 두 영역으로 나뉜다고 말한다. 첫 번째는 평범의 왕국이다. 이곳은 키와 몸무게, 아이큐와 같은 자연 발생적인 수치들의 영역이며 모든 것은 평균 근처를 맴돈다. 예를 들어 1만 명의 사람들을 키 순서로 세운다면 누군가는 2m를 훌쩍 넘는 거인일 수도 있다. 하지만 그의 키는 전체 값의 합에서 0.1%를 넘지 않을 것이다.

두 번째 영역에서는 이야기가 달라진다. 이곳에서는 극단값이 평균을 좌우한다. 이번에도 1만 명을 재산 순서대로 줄을 세운다고 했을 때, 아마존 CEO인 제프 베이조스가 무리에 들어 있다면 그 한 사람으로 인해 평균값은 확 뛸 것이다. 그리고 다른 이의 재산을 다 합친 것보다 베이조스의 재산이 더 많을 것이다. 이곳 극단의 왕국에 포함되는 것은 재산, 주식 수익률, 아티스트의 인지도, 전쟁 사망자 수, 구글 검색어 빈도 등 인간 사회에만 존재하는 것이 많다. 우리는 평범의 왕국을 상정하고, 그 안에서 살고 싶어 하지만 실제로 삶의 더 많은 부분은 극단의 왕국에 걸쳐 있는 것이다.

그렇다면 극단적인 영향을 끼치는, 희박한 가능성의 돌발 사건을 대비하면 삶을 송두리째 바꿔놓을 위험에 노출되는 일을 막을 수 있을까? 안타깝게도 탈레브는 인간이 '모른다는 것을 모른다'는 점을 지적한다.

카지노는 사기 도박꾼이나 강도를 막기 위해 제임스 본드 영화에나 나올법한 첨단 기술과 철통 경비를 동원한다. 그러나 카지노에 실제로 커다란 손실을 끼친 것은 그런 종류의 사건이 아니었다. 카지노 보스의 딸이 납치되자, 보스는 거액의 몸값 요구를 들어주기 위해 카지노 소유의 금고에 손을 대야 했고 이는 도박법 위반이었다. 이처럼 억만금을 들여 방비책을 세워도 진짜 위험은 언제나 예상치 못한 것에서 유래한다.

이런 세상에서 살아가기 위해 탈레브가 제시하는 방법은 간단하다. 아는 것이 아닌 모르는 것으로 초점을 돌려야 한다. 우리가 알지 못하는 위험은 항상 존재하며, 이를 찾기 위해 눈을 크게 뜨는 것만으로도 흑조 사건에 휘말리는 일을 어느 정도 대비할 수 있기 때문이다. 이에 더해 통계적 방법론과 좁은 시야, 철저한 논리성에만 집착하는 이론에 매몰돼서는 안 된다. 특히나 극단의 왕국에서 정교한 예측에 의존하는 것은 피해야 한다.

탈레브는 인간이 확률을 예측하는 것에는 약하지만, 결과는 비교적 정확히 그려낼 수 있다고 설명한다. 예를 들어 샌프란시스코에 대지진이 날 확률은 알기 어렵지만, 대지진이 났을 때 얼마나 큰 피해가 발생할지는 예측해볼 수 있다. 결정권자들은 극단적인 상황이 벌어지지 않았을 때의 피해 규모를 바탕으로 의사 결정을 내려야 한다. 덧붙여, 극단적인 위험에 대비하는 한편 '긍정적인' 흑조 사건을 기회로 삼아야 한다고 말한다. 손실은 작게 한정되지만 일단 성공하면 대박을 달성할 수 있는 투자 기회와 같은 사건들 말이다.

《블랙 스완》에서 탈레브는 귀납적으로 세상을 설명하려 들고, 이론 체계의 논리적 무오성에 집착하며, 통계적 확률이 말하는 안전을 위안 삼는 인간상을 신랄하게 비판한다. 금융과 경제 시스템에 몸담고 있거나 이를 연구하는 사람들이라면 자신의 세계관에 반드시 흑조 사건의 가능성을 새겨야겠지만, 금융 경제와 거리가 먼 보통의 사람들도 이 책에서 큰 교훈을 얻을 수 있다.

이는 탈레브가 《블랙 스완》을 금융 경제 저서이기 이전에 세상을 바라보는 철학자의 에세이로서 글을 썼기 때문이다. 이 책은 보통의 사람들에게도 중요한 교훈을 줄 수밖에 없다. 광활한 우주 속 먼지 한 톨과 같은 지구에 살아가는 우리도, 따지고 보면 기적적인 확률을 뚫고 나타난 블랙 스완이기 때문이다.

◆ **출간 1년 후,
전 세계가 경험한 흑조 사건**

자전적인 이야기와 단편 우화들을 빌려 흥미롭게 쓴 《블랙 스완》은 〈뉴욕 타임스〉 베스트셀러에 36주 동안 오를 정도로 선풍적인 인기를 끌었다. 〈선데이 타임스〉는 제2차 세계대전 이후 가장 영향력 있는 책 12권에 《블랙 스완》을 선정했고, 노벨상 수상자 대니얼 카너먼을 비롯한 많은 학자가 찬사를 아끼지 않았다. 기가 막힌 타이밍으로, 출간 1년 후인 2008년 서브프라임 모기지 사태가 터지며 전 세계인이 흑조 사건을 몸으로 체감했다.

탈레브의 글을 읽을 때 놓칠 수 없는 큰 특징은 그가 다른 학자나 이론 혹은 학문 전체에 때때로 매우 비판적이라는 것이다. 그는 자신이 경계를 당부했던 비현실적인 전제를 바탕으로 논리적 무오성을 추구하는 실용성 없는 이론들을 날카롭게 비난한다. 또 통계학적 분석을 통한 현실 기망, 낮은 확률을 근거로 극도의 위험을 무시하는 의사 결정권자들을 조금의 거리낌도 없이 신랄하게 공격한다. 이 탓에 강한 반발을 사거나 살해 위협을 받으면서도, 그는 계속해서 의견을 개진하며《블랙 스완》을 포함한 다섯 권의《인세르토》시리즈를 집필했다.

정교한 모델과 과학적 방법론을 통해 세상을 모델로 축약하고 환원시키려는 현대 사회에서, 탈레브는 인간 지성에 겸허함을 촉구하고 안전을 무시한 결과를 계속 강조하는 반발적인 목소리다. 끝없이 복잡해져만 가는 사회에서, 탈레브는 정교한 모델을 도구로 흑조 사건의 가능성을 과소평가하여 사회 전체에 재앙을 불러오는 이들을 강하게 비난한다.

물론 그의 책은 거시적인 의사 결정에도 시사점이 있다. 서브프라임 모기지 사태 이후 무책임한 태도를 보였던 은행가들을 어떻게 처분해야 할 것인가, 제도는 어떤 방식으로 개선해야 할 것인가 하는 문제들 말이다. 그러나 탈레브의 책들은 실생활에 적용 가능한 철학서이기도 하다. 극단적이고 무작위로 가득한 세상을 어떤 태도로 살아가야 하는지에 대한 가이드 말이다.

29

리처드 탈러·캐스 선스타인
《넛지》
2008

심리학과의 융합으로
인간의 합리성을 연구하다

리처드 탈러(Richard Thaler, 1945~)

행동경제학을 창시한 경제학자 중 한 명. 합리적 경제 주체의 합리적 의사 결정을 가정하는 기존의 전통적 경제학 가설 대신, 실제 현실에서 사람과 사회가 보여주는 비합리성을 분석하고 이를 통해 경제학이 더 정확히 현실을 설명할 수 있도록 공헌했다. 경제학과 심리학을 연결한 공로를 인정받아 2017년 노벨경제학상을 수상했다.

캐스 선스타인(Cass R. Sunstein, 1954~)

하버드대 로스쿨 교수이자 헌법학, 행동경제학 전문가. 오바마 정부의 규제정보국에서 국장으로 일하며, 행동경제학을 공공 정책에 활용했다.

※ 주요 저서: 《승자의 저주》《행동경제학》《똑똑한 사람들의 멍청한 선택》

경제학은 인간 또는 경제 주체가 경제적 의사 결정을 내릴 때, 자신이 알아낼 수 있는 모든 정보를 빠르게 모아 의사 결정 과정에 완전히 반영할 수 있다고 가정한다. 이를 '합리적'이라고 말한다. 그러나 경제적 의사 결정을 내렸던 과정을 돌이켜 보면 내가 모은 정보가 내가 모을 수 있었던 모든 정보인지 그리고 내가 가지고 있던 정보를 모두 사용했는지에 대한 의문이 든다. 그렇다. 현실 세계에서 (나를 포함한) 인간은 합리적이지 못하다.

분명 나는 며칠 전에도 충동적으로 밤 11시에 치킨을 시켜 먹었다. 과다한 내장 지방을 줄이기 위해 다이어트 중임에도 불구하고 말이다. 배달 앱을 켜는 순간, 후회할 것을 알았으나 순간의 욕망을 이기지 못하고 28,000원을 결제한 것이다. 현실 세계의 나는 경제학에서의 나와는 달리 충동적이고 감정적이며 나에게 해가 될 결정을 내리기도 한다.

이러한 인간의 합리성에 대한 의문은 1950년대 중반부터 제기돼 왔고, 그 시작에는 미국의 사회과학자 허버트 사이먼이 있다. 사이먼은 정치학 박사이면서 심리학자, 인지 과학자, 경제학자였다. 그는 경제 조직 내부에서의 의사 결정 과정을 심리학과 접목시켜 행동학으로 풀어내어 1978년 노벨경제학상을 수상했다. 그 이후 심리학자 출신의 대니얼 카너먼(역시 노벨경제학상 수상자)과 같은, 심리학 배경을 가진 학자들에 의해 '경제 주체는 합리적'이라는 가정이 도전받게 된다.

이처럼 '개별 경제 주체는 합리적'이라는 가정에 대한 도전으로 행동경제학이 탄생했다. 물론 행동경제학도 경제학의 한 분야이다 보니 인간의 합리성을 부정하지는 않는다. 다만 인간은 '적당히' 합리적이라 주장한다. 즉, 인간의 합리성에는 한계가 있고 완벽하지 못하다는 것이 행동경제학의 시작점이다.

행동경제학은 상식적으로 납득되는 주장을 하면서 인기를 얻었고, 경제학에 심리학을 접목시키려는 노력은 계속됐다. 많은 학자가 경제학과 심리학 그리고 경영학을 넘나들며 다양한 연구를 진행했고, 리처드 탈러의 《넛지》 역시 이러한 배경에서 다양한 사례를 중심으로 경제학과 심리학을 융합하여 인간의 합리성에 대한 유의미한 연구 결과를 내는 데 성공했다.

◆ **똑똑한 선택을 이끄는 일상의 '넛지'들**

'넛지'란 '팔꿈치로 슬쩍 찌르다'라는 뜻으로, 윙크 또는 눈치를 주다 정도로 이해할 수 있다. 독자들은 넛지를 타인의 선택을 유도하는 부드러운 개입 정도로 이해하면 좋을 것 같다.

《넛지》의 도입부는 이 책이 왜 필요한지 그리고 우리 사회에 어떤 도움을 줄 수 있는지를 설명한다. '선택 설계자'라는 존재가 있다. 이들은 여러 사람이 의사 결정을 하는 배경이나 맥락을 만드는 사람들이다. 설계자들은 중립적일 수 없다. 왜냐하면 이들은 어떤 방식으로든 다른 사람들의 행동에 영향을 주기 때문이다. 중립적이기 위해서는 다른 사람들에게 영향을 미쳐서는 안 된다. 즉, 설계자들은 유연하며 비강제적인 자유주의적 개입주의를 추구한다. 우리는 자유주의적 개입주의를 통해 삶의 질을 향상시키고 사회의 많은 문제를 해결할 수 있다. 이러한 행동의 변화는 유인(인센티브)과 넛지를 적절히 배치하고 활용하여 이끌어낼 수 있다.

《넛지》는 매우 흥미로운 방식으로 어떤 때 넛지를 이용할 수 있는지 알려준다. 합리적 의사 결정을 하는 경제적 가상의 존재 '이콘'을 만든다. 그리고 이콘에 반해 실제 인간이 범할 수 있는 비합리적인 편향들, 예를 들면 대다수가 자신을 평균 이상이라고 생각하는 '비현실적 낙관주의', 결정을 보류하면서 현재 상태를 유지하려는 '현상 유지 편향' 등을 제시한다. 우리가 어떤 선택을 할 때 특정 선택안을 디폴트 옵션으로 미리 지정해놓으면, 그 선택안의 점유율이 크게 오르는 것이 현상 유지 편향의 일례다.

이렇듯 심리적 요인들로 인해 사람들은 비합리적인 편향을 가지게 된다. 그래서 사람은 합리적 이콘과 달리 집단행동을 한다. 《넛지》에서는 사람들이 자신이 가진 정보들을 무시하고 비합리적인 행동을 하는 이유가 동료 사회 구성원들의 압력과 사회 집단의 비난을 받고 싶지 않은 심리 때문이라고 설명한다.

이는 넛지를 이용해 사회에 도움되는 행동을 유도하고 싶다면 그저 다른 이들이 이러한 행동을 하고 있다는 것을 널리 알리기만 해도 된다는 의미다. 또 사람들은 매우 작은, 어떻게 보면 별일 아닐 수 있는 요인에 의해 자신의 행동을 억제한다. 반대로 이야기하면 어떤 행동을 이끌어내는 데 있어 작은 장애물을 제거하는 방식은 매우 효과적일 수 있다는 의미다. 이러한 내용들을 종합해서 이 책은 사회에 이익을 많이 가져다주면서 해를 입힐 위험이 낮은 넛지를 해야 한다고 주장한다.

《넛지》는 다양한 넛지 사례들을 제시하며 경제에 있어 심리의 역할을 설명한다. 이 책에서 가장 많이 인용되는 예시는 남자 화장실 소변기 중앙부에 있는 파리 그림일 것이다. 파리 그림이 없는 일반적인 소변기를 이용할 때 사람들은 특별한 주의를 기울이지 않는다. 그러나 파리 그림이 있는 소변기에서는 파리 모양에 집중하여 변기 가운데를 향해 소변을 보게 된다. 이는 네덜란드 암스테르담의 스히폴 공항에서 처음 시도된 아이디어로, 변기 밖으로 튀는 소변의 양을 80%나 감소시켰다고 한다. 흥미롭지 않은가? 이런 흥미로움이 이 책의 가장 큰 강점이다.

그러나 사례 위주로 쓰여 있어 자신이 무엇을 읽었는지, 이 사례들의 핵심 함의가 무엇인지 정리하기란 쉽지 않다. 대부분의 행동경제학 관련 콘텐츠가 가지는 문제점이기도 한데, 행동경제학은 기존 경제학 이론을 대체하는 구체적이고 조직적인 틀 안에서 발전하지 않고 기존의 이론들이 잘 성립하지 않는 특정한 상황에서 그 행동들을 설명하면서 발전해 왔다. 그렇기에 일관성 있는 함의를 끌어내기가 쉽지 않은 것이다.

그럼에도 불구하고《넛지》의 가장 큰 장점은 기존의 경제학이 인정하지 않던 현실적인 심리학적 요인을 도입하고 그 영향을 흥미로운 사례들로 풀어냈다는 것이다.

◆ **미국 오바마 정부는**
선택한 '넛지 정책'

노벨경제학상 수상자이자 행동경제학의 대가 대니얼 카너먼 교수는 이 책을 다음과 같이 추천했다.

"《넛지》는 행동경제학의 최전선에서 보내온 최고의 아이디어를 보여준다. 인간의 사고방식과 우리 사회의 작동 원리를 알고 싶다면 반드시 이 책을 읽어야 한다. 당신의 의사 결정 능력을 향상시키고 세상을 좀 더 살기 좋은 곳으로 만들어줄 것이다. 재미있으면서도 중요하고, 실용적이면서도 깊이 있다." 카너먼 교수는 아마도 추천사를 쓸 때 이 책이 후대에 미칠 영향을 예견했던 듯하다.

《넛지》는 경제학에 심리학을 접목시켜, 인간이 실제로 어떻게 행동하는지에 경제학이 관심을 기울이게 만들었다. 이 책은 경제 주체가 합리적이지 않을 수 있는 수많은 사례를 모아 정리하고 분석해 소개했다. 또 사례를 바탕으로 경제학적 교훈을 이끌어내며 사회와 정책에 적용할 수 있는 방안들도 제시했다.

이러한 가치를 알아본 영국 정부는 2010년《넛지》에 쓰인 행동

경제학적 측면을 정책에 활용할 수 있는지 실험할 정부 부서를 신설했다. 일례로 영국 정부는 자동차 등록세 고지서에 자동차 사진이 있으면 글자만 적힌 고지서를 받았을 때보다 등록세를 더 잘 낸다는 사실을 발견하여 고지서에 자동차 사진을 싣기 시작했다.

오바마 전 미국 대통령도 정책을 실행함에 있어《넛지》의 영향을 받았다. 강요나 복잡한 정책을 통하지 않고 미국을 변화시키고 싶었던 오바마는《넛지》의 저자 중 한 명인 캐스 선스타인 하버드 대학 교수를 2008년부터 2012년까지 규제정보국 책임자로 임명했다. 내려야 할 결정을 최소화해 복잡한 일상을 더 단순하게 만들고자 했던 오바마 전 대통령과 적은 비용으로도 강요 없이 자유로운 선택으로 긍정적인 사회의 변화를 이끌어낼 수 있다고 주장한《넛지》는 좋은 궁합을 보여주었다.

"21세기를 송두리째 바꾸어놓은 글로벌 밀리언셀러"라는 평을 받은《넛지》는 첫 출판 13년 후 기후 변화, 코로나19 극복 그리고 연금 설계까지 최신 경제 상황을 반영한 파이널 에디션이 다시 출판될 만큼 대중적으로도 큰 인기를 끌었다.

30

대니얼 카너먼
《생각에 관한 생각》
2011

전통 경제학의 프레임을 뒤엎은
행동경제학의 바이블

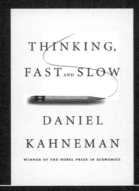

대니얼 카너먼(Daniel Kahneman, 1934~)

이스라엘 출신의 미국 심리학자. 인간이 현실 세계에서 어떻게 의사 결정을 내리는지에 대해 연구했다. 평생의 친구였던 아모스 트버스키와 함께 1978년 발표한 전망 이론은 경제학은 물론 다양한 사회 현상 속에서 인간이 왜 그러한 선택을 내리는지를 설명하는 프레임워크가 됐다. 이후에도 그는 심리학을 통해 경제 현상을 설명하는 행동경제학의 초석을 놓았고, 그 공로를 인정받아 2002년 노벨경제학상을 수상했다.

※ 주요 저서: 《행복의 과학》

여느 과학처럼 경제학은 세상이 어떻게 작동하는지 설명하고, 이를 바탕으로 미래를 예측하고자 한다. 수많은 변수가 한꺼번에 경제에 영향을 끼치는 상황에도 경제학자들은 한 나라의 경제 혹은 한 사람의 선택을 뚝 떼어서 실험실에 넣고 관찰할 수 없다. '만약 이런 경제 정책을 펼치면 어떻게 될까?'라는 가정을 시험관 안에서 탐구할 수도 없고, 설령 가능하다고 한들 현실 세계 경제의 복잡한 특성 탓에 '거봐, 이래서 이렇다니까!'라고 섣부른 결론을 내릴 수도 없다.

그렇기에 경제학은 아주 간추린 버전의 현실 세계를 모형으로 만든다. 현실을 간단히 도식화하고 수학 공식으로 간추린 것이 보통 사람이 생각하는 경제학의 이미지이며, 이는 사실 그다지 틀린 것이 아니다. 우리가 생각하는 기성의 경제학은 현실 세계의 복잡성을 희생하는 대신 그럴듯한 예측과 교훈을 얻을 수 있는 모형을 제공한다.

이렇게 현실을 모형으로 본뜨는 과정에서 가장 먼저 희생되는 복잡성은 인간의 심리일 것이다. 우리 모두는 상식적으로 인간이 감정에 휩쓸리는 동물임을 알고 있다. 누구에게나 감정적인 결정으로 인해 지우고 싶은 흑역사가 있듯이 말이다. 그런데 경제학에서는 인간이 항상 주어진 정보를 바탕으로 합리적인 의사 결정을 하며, 언제나 자신의 효용을 극대화하는 선택을 내린다고 전제한다. 이 가정 위에 우리가 아는 경제학의 엄청난 성채가 쌓아 올려져 왔다.

물론 경제학자들도 이 점을 알고 있다. 시중에 판매되는 절대다수의 미시 경제학 교과서를 펴면, 머리말에 항상 '합리적 인간을 가정함으로써 발생하는 현실의 단순화' 문제를 경고하며 경제학자들이 아직 모자란 부분이 많음을 겸허히 인정하고 있다. 재미있는 점은 사회에 지대한 영향을 끼치는 이론을 쌓아 올린 경제 석학들이 겸손할 때 우리 평범한 사람들은 오히려 오만하기 쉽다는 것이다.

우리는 스스로 합리적이고 감정에 휘둘리지 않는 사람이라고 자부하고 싶지만, 실제로는 나 자신을 위한 결정을 내릴 때도 수많은 편향과 오류에 휩싸인다. 이런 실수를 범하는 절대적인 이유는 애석하게도 자신이 어떤 실수를 범하는지 깨닫지 못해서다. 이 때문에 벌어지는 결과는 때때로 파국적이다. 성급한 구매와 후회, 감정에 휘둘린 투자와 복구할 수 없는 손실, 심지어 진로를 결정할 때도 일어날 수 있다. "너 자신을 알라"라던 소크라테스가 통탄할 일이다.

인간의 비합리적인 면을 들춰내는 행동경제학이 보통의 사람들에게 시사하는 바가 이것이다. 물론 많은 학자가 인간의 비합리성과 오류조차도 경제학의 거대 이론에 포함시키기 위해 밤낮으로 연구하고 있으며, 성공한다면 노벨상을 받아 마땅하다. 그러나 일반적인 사람들도 자신의 행동경제학적 편향과 오류를 깨닫고, 교정함으로써 더 나은 선택을 내릴 수 있다. 이를 강조하기 위해 심리학자 카너먼이 쓴 책이 바로《생각에 관한 생각》이다.

내 생각의
진정한 주인이 되는 법

북극의 이누이트족에게는 눈을 가리키는 수십 가지 표현이 있다는 말을 한 번쯤 들어봤을 것이다. 이처럼 '생각'도 한 가지만 존재하지 않는다. 우리의 생각은 크게 '시스템1'과 '시스템2'로 나뉘며, 이 둘은 정반대되는 성질을 띤다.

시스템1은 민첩하고 직관적이며 자연스러운 생각이다. 일상 속의 간단하고 즉흥적인 생각들을 도맡아 하며, 정신적인 피로감을 불러일으키지 않는다. 반대로 시스템2는 느리고 게으르지만, 비판적이고 논리적인 생각이다. 우리가 정말 골똘히 생각하고 '합리적으로' 결정을 내릴 때 작동하는 생각이다. 시스템2는 평소에 시스템1이 주도권을 잡게 내버려 두다가, 중요한 순간이 도래했을 때에만 지성을 발휘한다. 그러나 시스템2가 작동하면 정신은 피로해진다. 우리가 무리했을 때 두통을 느끼게 만드는 생각이 바로 그 모드인 것이다.

왜 이런 구분이 생긴 것일까? 그 기원은 인간이 문명을 이룩하기도 전으로 거슬러 올라간다. 생존을 위해 투쟁하는 환경에서, 복잡한 논리적 문제를 해결할 수 있는 지적 능력만으로는 살아남을 수 없다. 호랑이, 곰, 독사와 천재지변 (그리고 무엇보다도) 믿을 수 없는 이방인의 위협에 노출된 환경에서 중요한 것은 신속한 반응과 탁월한 직관이다. 이는 시스템1의 영역이다.

카너먼은 시스템1이 발생시키는 여러 오류를 독자들에게 자각시킨다. 한 예로, 이 책에서 카너먼은 독자에게 퀴즈를 던진다. 미국에

사는 스티브는 차분한 성격에 정리정돈을 좋아하고, 디테일에 대한 집중력이 대단하다. 그의 직업은 사서일 가능성이 높을까, 농부일 가능성이 높을까? 많은 사람이 앞서 주어진 정보를 바탕으로 스티브가 도서관 사서라고 단정할 것이다. 그러나 실제로는 농부일 가능성이 훨씬 높다. 미국에서 농부의 수는 사서의 수를 압도한다. 남자 농부는 남자 사서를 더욱 더 크게 앞지른다.

스티브가 사서일 것이라고 넘겨짚은 이유는 시스템1이 이야기를 좋아하기 때문이다. 생각해보자. 풀숲에서 바스락거리는 소리를 들은 원시인이 이를 대수롭지 않게 넘긴다면, 그는 자손을 퍼뜨릴 때까지 살지 못할 가능성이 높다. 반면 그 소리를 포식자의 징조로 연결 지은 원시인은 훨씬 장수하며 후손을 많이 남길 것이다. 이처럼 시스템1은 연결 짓고, 이야기를 만들어내는 것을 좋아한다. 자연에서 생존에 도움이 되기 때문이다. 반면 시스템2는 통계와 데이터를 좋아하며, 이를 바탕으로 스티브가 농부일 가능성이 높다고 했을 것이다. 그러나 우리는 머리 아픈 시스템2의 데이터 분석보다는 시스템1의 그럴싸한 이야기를 선호한다.

인류를 지금의 자리에 있게 해준 데에 시스템1이 공헌한 바는 의심의 여지가 없지만, 문제는 시스템2가 주도권을 잡아야 할 상황에서도 우리는 시스템1에게 주도권을 주거나, 심지어 시스템1이 폭주하는 동안에도 스스로 시스템2에 기대 논리적으로 사고하고 있다고 착각하고는 한다. 그 이유는 시스템 1과 2는 '방법'으로써 나눈 생각의 분류에 불과할 뿐, 근육처럼 자유자재로 움직일 수 있는 뇌의 특정 부분이 아니기 때문이다. 이 탓에 우리는 빠르게 처분했어야 할 주식을 끈질기게 들고 있거나, 군중 심리에 휩쓸리기도 한다. 혹은 확증 편향에 빠져 자신의 지성을 과신한 나머지 돌이킬 수 없는 선택을 내린다.

이에 더해 카너먼은 생각의 방식을 시스템 1과 2로 나눌 수 있다면, 자아 역시 기억하는 자아와 경험하는 자아로 나눌 수 있다고 말한다. 우리의 정신이 인지 오류를 범하는 것처럼 기억 또한 오류에 빠질 수 있다는 것이다. 기억 자아는 고통이나 쾌락의 정점은 마음에 새기되, 그 지속 시간을 망각하는 경향이 있다. 이 때문에 기억 자아는 우리가 극도의 쾌락을 경험하되 이 탓에 긴 시간 고통받게 될 선택을 하도록 만든다. 합리적 인간이라면 고통을 짧게, 쾌락은 길게 느끼길 바라야 할 것이다. 그러나 기억 자아는 극적인 정점과 결말이 있는 '이야기'를 추구하고, 이를 바탕으로 내린 선택의 결과와 고통은 오롯이 경험 자아가 부담한다.

카너먼의 《생각에 관한 생각》을 한 문장으로 요약하면 '가이드(카너먼)를 따라 해보는 자아 성찰'이다. 그는 이 책에서 인간의 심리가 작동하는 기전을 밝히고, 현실 세계에서 우리가 어떻게 그 파급 효과를 체감하는지 설명한다. 평소 우리의 삶에서 의식이 관장하는 부분이 극히 적은 것만 봐도 알 수 있겠지만, 카너먼에 따르면 우리는 신속한 혹은 합리적인 선택을 경우에 맞게 내릴 수 있도록 시스템1과 2를 자유롭게 켜고 끄지 못한다. 다만 《생각에 관한 생각》에 소개된 수십 가지 편향과 오류를 되짚어보며 의식적으로 이 결점을 상쇄하려고 노력할 수는 있다. 그제야 우리는 내 생각의 진정한 주인이 돼 합리적인 선택을 내릴 수 있는 것이다.

행동경제학은 주류 경제학의 돌파구가 될 수 있을까?

《생각에 관한 생각》은 선풍적인 인기를 끌며 2011년 〈뉴욕 타임스〉 베스트셀러에 선정됐다. 그 비결은 실생활에 밀접한 흥미로운 분야 이지만 비전문가에게는 너무나 어려운 분야를 쉽게 풀어 설명했기 때문이다. 이 공로를 인정받아 이듬해 전국학술소통상도 수상한다.

이처럼 21세기 들어 행동경제학은 다시금 각광받으며 주류 경제 학에 편입되려는 시도를 가속화하고 있다. 이는 저성장 시대와 2008년 글로벌 금융 위기가 불러온 대중의 관심, 동시에 기성 경제학에 대한 대중의 회의감이 일조한 바 없지 않다.

그러나 이런 시류에도 아직 행동경제학은 갈 길이 멀다. 개인과 기업 등 경제 주체들의 행동을 수식으로 설명하거나, 거시 경제적 요 소의 등락이 국부에 끼치는 영향을 서술하는 주류 경제학에 포함되 기에는 장애물이 크기 때문이다. 인간의 비합리적 행동과 주류 경제 학 이론을 하나로 묶는 통합 이론 체계의 등장은 애석하게도 요원해 보인다.

그럼에도 카너먼과 트버스키, 탈러 등 행동경제학의 초석을 다진 이들에 이어 많은 경제학자와 심리학자, 사회학자 등이 다방면에서 연구를 계속하고 있다. 모든 사회과학 탐구의 핵심이 되는 두 가지 대 답을 얻기 위해서다. 첫째, 이 현상은 무엇이며 왜 일어났는가? 둘째, 또 어디에서 이런 비슷한 현상이 일어날 수 있는가?

행동경제학을 탐구하는 학자들은 기저 효과, 과신, 손실 회피 등 인간의 비합리적 행동 편향들을 차례차례 발견해내고, 여기서 공통적으로 나타나는 패턴을 탐구하고 있다. 만약 이 패턴을 찾는 데 성공하고, 이를 주류 경제학 이론을 보강할 수 있는 하나의 요인으로 정리해낸다면 경제학은 새로운 돌파구를 찾게 될 것이다.

위대한 경제학 고전
30권을 1권으로 읽는 책

초판 1쇄 발행 2023년 3월 2일
초판 7쇄 발행 2024년 6월 4일

지은이 홍기훈
펴낸이 이경희

펴낸곳 빅피시
출판등록 2021년 4월 6일 제2021-000115호
주소 서울시 마포구 월드컵북로 402, KGIT 19층 1906호